社会化传播学

IMS（天下秀）新媒体商业集团　编著

清华大学出版社

北　京

内容简介

本书采用"理论+案例"的教学模式，讲解社会化传播的相关知识。全书共分7章，分别是传播学简介、传播媒介、新媒体概述、新媒体传播、社交媒体概述、社会化传播和社会化传播的流程与管理。书中每章都围绕一个知识主体，设置细分知识内容和若干个配套案例，通过运用课堂讨论、案例分析等教学方法，注重知识的理解和灵活运用，进行"参与式"和"合作式"的课堂教学，旨在发展学生的相关知识储备，养成相关行业素养，提升学生的沟通交流能力、独立思考能力、与现实相对应的联想能力和创新能力。另外，本书还赠送授课大纲和PPT课件，以便读者学习和教师授课。

本书结构清晰、由简到难，图片精美实用、分解详细，文字阐述通俗易懂，与实践结合非常密切，具有很强的实用性。本书适合各种电子商务新媒体专业中的高职、大中专院校相关专业的学生使用。

本书封面贴有清华大学出版社防伪标签，无标签者不得销售。

版权所有，侵权必究。举报：010-62782989，beiqinquan@tup.tsinghua.edu.cn。

图书在版编目（CIP）数据

社会化传播学 / IMS（天下秀）新媒体商业集团编著. —北京：清华大学出版社，2022.7
（新媒体营销系列）

ISBN 978-7-302-61057-1

Ⅰ.①社… Ⅱ.①I… Ⅲ.①传播学 Ⅳ.①G206

中国版本图书馆CIP数据核字（2022）第096439号

责任编辑：张　敏
封面设计：郭二鹏
责任校对：徐俊伟
责任印制：杨　艳

出版发行：清华大学出版社
　　　　　网　　　　址：http://www.tup.com.cn，http://www.wqbook.com
　　　　　地　　　　址：北京清华大学学研大厦A座　　邮　　编：100084
　　　　　社　总　机：010-83470000　　　　　邮　　购：010-62786544
　　　　　投稿与读者服务：010-62776969，c-service@tup.tsinghua.edu.cn
　　　　　质　量　反　馈：010-62772015，zhiliang@tup.tsinghua.edu.cn
　　　　　课　件　下　载：http://www.tup.com.cn,010-83470236
印　装　者：大厂回族自治县彩虹印刷有限公司
经　　销：全国新华书店
开　　本：170mm×240mm　　　印　　张：10.75　　　字　　数：232千字
版　　次：2022年9月第1版　　　印　　次：2022年9月第1次印刷
定　　价：59.80元

产品编号：096071-01

编委会名单

编 著 者： IMS（天下秀）新媒体商业集团

编委会成员（排名不分先后）：

王 薇　　王冀川　卢 宁　　李 檬　　李 剑　　李文亮

李云涛　李 杨　　孙 宁　　孙杰光　孙 琳　　刘 鹤

张歌东　张宇彤　张建伟　张 烨　　张笑迎　张志斌

陈 曦　　陆春阳　徐子卿　韩 帆　　郭 擂　　段志燕

杨 丹　　杨 羽　　吴奕辰　袁 歆　　唐 洁　　雷 方

蔡林汐　韩世醒　秦 耘　　樊仁杰

前言
PREFACE

技术革命后，接踵而来的总是媒介的革命。在社会化媒体高速发展的今天，传统媒体的影响力已日渐减弱。受众大量的时间被社交平台牢牢占据，越来越多的人获取信息的途径已经演变为通过微博分享、微信群、朋友圈这些社会化、辐射式的传播渠道。以微信、微博等为代表的众多不同形态和模式的社会化媒体，把我们带入了一个崭新的社会化传播时代。

社会化传播是一个宽泛的概念，强调的是一种弥漫式、辐射式的传播方式，强调每个互联网用户都是传播的一个节点，是一种基于社会化的媒体平台，在信源、希望获取信息的受众和信宿之间进行沟通并且实现信息和内容分享的行为。

本书内容

本书共分 7 章，分别是传播学简介、传播媒介、新媒体概述、新媒体传播、社交媒体概述、社会化传播和社会化传播的流程与管理。

书中每章都围绕一个知识主体，设置细分知识内容和若干个配套案例，通过运用课堂讨论、案例分析等教学方法，注重知识的理解和灵活运用，进行"参与式"和"合作式"的课堂教学，旨在发展学生的相关知识储备，养成相关行业素养，提升学生的沟通交流能力、独立思考能力、与现实相对应的联想能力和创新能力。

不同章节设置的知识主体逐层递进，依据互联网营销、电子商务、社会化新媒体项目策划、产品经理和选品策划员等相关岗位所需要的行业基础知识和能力要求而设置，以传播学、新媒体传播和社会化传播为载体，充分考虑学生应具有的相关理论知识，构建课程的理论教学内容。同时，根据不同的理论教学内容，有针对性地加入实际案例分析，在实践中强化相关理论知识，为之后的课程学习和相关工作打好基础。

本书特点

本书采用"理论＋案例"的教学模式，在理论学习中指导实践，用真实案例分析巩固知识，配合相应的课堂讨论，对所学知识进行巩固。同时，本书还采用趣味图片和多样的课堂教学形式，丰富课程内容，真正吸引学生投入课堂学习，强化教学效果。

　　另外，本书还赠送授课大纲和PPT课件，以便读者学习和教师授课，读者可根据个人需求扫描下方二维码下载使用。

授课大纲

PPT 课件

编者

2022 年 5 月

目录
CONTENTS

第1章 传播学简介

现在，社会处于信息爆炸的年代，大众传播存在于社会的每一个角落，影响着人们的衣食住行。大众传播和政治、经济、文化一样，是社会的重要成分，影响着社会各个方面的发展。

随着时代与科技的不断发展，从报纸到广播到电视，再到今天的互联网时代，技术的发展始终带动着大众传媒的发展，大众传媒也在我们的生活中扮演着越来越重要的角色。在当今社会，大众传媒不仅是我们获取信息的有效途径，也是国家实现有效管理的途径之一，是现代社会娱乐和教育的提供者，是现代社会中最重要也是最广阔的信息系统。

本章将针对传播的基础知识进行讲解，帮助学生了解传播的概念、特点与模式。掌握传播产生与发展的过程、传播技巧与传播效果，理解传播的符号与意义，以及传播的社会功能和对社会的影响。

1.1 传播的定义和特点

传播通常是指人类交换信息的一种过程，信息是传播的内容。从信息科学的立场出发，传播是指社会信息的传递或社会信息系统的运行，本质上是一种社会互动行为，人们通过传播保持着相互作用和营销的关系。

传播的根本目的是传递信息，它是人与人之间、人与社会之间，通过有意义的符号进行信息传递、信息接受或信息反馈活动的总称。传播具有以下特点。

1. 传播是一种信息共享活动

这里的共享意味着社会信息的传递具有交流、交换和扩散的性质。信息在共享过程中才能实现传播，才能实现社会信息的有序运行。

2. 传播是一定社会关系的体现

传播产生于一定的社会关系，这种关系可能是纵向的，也可能是横向的；它又是社会关系的体现，传授双方表述的内容和采用的姿态、措辞等，无不反映着各自的社会角色和地位。社会关系是人类传播的一个本质属性，通过传播，人们保持着既有的社会关系，并建立新的社会关系。

3. 传播是一种双向的社会互动行为

信息的传递总是在传播者和传播对象之间进行。在传播过程中，传播行为的发起人——传播者通常处于主动地位，但传播对象也不是单纯的被动角色，传播对象可以通过信息反馈来影响传播者。双向性有强弱之分，但任何一种传播，无论其参加者是个人还是群体、组织，都必然是一种通过信息的传授和反馈而展开的社会互动行为。

4. 传播和接受双方必须要有共同的意义空间

信息传播要经过符号的中介，这意味着传播也是一个符号化和符号解读的过程。符号化即人们在进行传播时，将自己要表达的意思转变成语言、文字、声音、图片或其他形式的符号；而符号解读指的是信息接受者对传来的符号加以阐释、解释其意义的过程。

共同的意义空间，意味着传播和接受双方必须对符号意义拥有共同的理解，否则传播过程本身就不成立，导致误解。在广义上，共同的意义空间还包括人们大体一致或接近的生活经验和文化背景。

5. 传播是一种行为，是一种过程，也是一种系统

将传播理解为"行为"时，可以把社会传播看作是以人为主体的活动，在此基础上考察人的传播行为与其他社会行为的关系；将传播解释为"过程"时，着眼于传播的动态和运动机制，考察从新源到新宿的一系列环节和因素的相互作用和相互影响；将传播理解为"系统"时，是在更加综合的层面上考虑问题，这就是把社会传播看作是一个复杂的"过程的集合体"，不但考察某种具体的传播过程，还要考察各种传播过程的相互作用及其所引起的总体发展变化。

1.2　传播的模式

传播模式是指研究传播过程、性质和效果的公式，实际上就是科学地、抽象地在理论上把握传播的基本结构与过程，描述其中的要素、环节及相关变量的关系。传播模式在传播学领域中占有十分重要的地位。

从本质上说，模式是一种人为的象征性设想，它主要是思想的辅助工具，在现实生活中并不存在。然而，在研究这种思维空间中构想出来的模式时，模式却具有与它所表现的现实客观体系相同的结构属性。通过直观的表达，能够把握到确实存在但又无法看到的系统内各因素之间的联系，了解到实体的结构、强度、方向等，避免陷于纷繁的细节而看不清传播过程的本质。

在传播学研究史上，通常采用建构模式的方法，对传播流程的结构和性质做出说明。所谓模式，是科学研究中以图形或程式的方式阐释对象事物的一种方法。

这种方法包含两层含义：第一，模式与现实事物具有对应关系，但又不是对现实事物的单纯描述，而是具有某种程度的抽象化和定理化性质；第二，模式与一定的理论相对应，又不等于理论本身，而是对理论的一种解释或素描，因此，一种理论可以有多种模式与之相对应。模式虽然具有不完全性，但它是人们理解事物、探讨理论的一种有效方法。正因为如此，在传播学研究中，模式的使用是很普遍的。

1.2.1　直线模式

直线模式就是把传播过程看作是一个单向传播的模式。亚里士多德模式、拉斯韦尔模式和香农—韦弗模式都属于直线模式。

1. 亚里士多德模式

亚里士多德的传播模式，是最早阐述传播过程的一种模式。该模式虽然简单扼要地列出了传播的五个要素：演讲者、演讲内容、倾听者、场合和效果，如图 1-1 所示。这种模式被认为最适用于公众演说类传播过程。

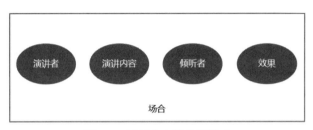

图 1-1　亚里士多德传播模式

案例　专家演讲《我们为什么要上学》

演讲者：专家；

演讲内容：《我们为什么要上学》；

倾听者：学生、在场人员及其视频收看者；

效果：让更多的学生清楚认识到究竟为什么要选择学习，以及学习后会取得什么样的效果；

场合：学校。

2. 拉斯韦尔模式

1948 年，美国学者 H. 拉斯韦尔首次提出了构成传播流程的五种基本要素，并按照一定结构顺序将它们排列起来，形成了后来人们称之为的"5W"模式。这 5 个 W 分别是英语中 5 个疑问代词的第一个字母。即：

Who（谁）

Says what（说了什么）

In which channel（通过什么渠道）

To whom（向谁说）

With what effect（有什么效果）

英国传播学家麦奎尔（Denis McQuail）等将这个模式制作成图 1-2 所示的"5W"模式。

"5W"模式第一次将人们每天所从事的却又阐述不清的传播活动明确表述为由 5 个环节和要素构成的过程，为人们理解传播流程的结构和特性提供了具体的出发点。

图 1-2 "5W"模式

作为早期的传播流程模式，这个模式还不完全，主要表现在它属于一个单向直线模式。拉斯韦尔虽然考虑到了受传者的反应（效果），却没有提供一条反馈渠道，因而，这个模式没有揭示人类社会传播的双向和互动性质。

案例 学习《荷塘月色》

传播者：课本的编撰者和任课教师；

传播内容：通过多媒体声音、图片、动画和音乐等展示荷塘月色的情景；

传播媒介：书本、教师的声音介质、多媒体计算机及教学设备；

传播对象：学生；

传播效果：通过传播者对课文的讲解，使受传者仿佛置身于荷塘月色的情景中，能够更好地揣摩作者的情感。

3. 香农—韦弗模式

大约与拉斯韦尔同时，美国的两位信息学者 C. 香农和 W. 韦弗也提出了一个过程模式，称为传播流程的数学模式或香农—韦弗模式，如图 1-3 所示。

图 1-3 香农—韦弗传播模式

香农—韦弗模式是描述电子通信过程的。它的第一个环节是信源，由信源发出讯息，再由发射器将讯息转换为可以传送的信号；经过传输，由接收器把接收到的信号还原为讯息，再将还原后的讯息传递给信宿。在这个过程中，讯息可能受到噪音的干扰，产生某些衰减或失真。

香农—韦弗模式导入了噪音的概念，表明了传播不是在封闭的真空中进行的，过程内外的各种障碍因素会形成对讯息的干扰，这对于社会化的传播流程来说是一个不可忽略的重要因素。此外，香农—韦弗模式对一些技术和设备环节的分析，提高了传播学者对信息科技在传播流程中的作用的认识，这种作用在现代信息社会中越来越明显。

香农—韦弗模式描述的是电子通信过程，而且是一个直线单向过程，缺少反馈的环节，把这个模式完全应用于人类的社会传播是不行的。这是因为在社会传播中，传播的双方都是具有能动性的主体，互动是社会传播的本质特征，离开了反馈便不能说明这种互动性。

该模式最初为单向直线模式，后来加入了反馈系统，并引申其含义，用来解释一般的人类传播过程，如图 1-4 所示。

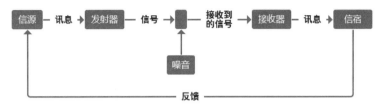

图 1-4　加入反馈系统的香农—韦弗传播模式

案例　在线教育课堂

信源：教师及其在在线授课前所做的准备；

编码：利用网络，将教师所要讲解的内容进行编码，使之成为符号等；

信道：传送内容的网络；

译码：学生终端在接收到信息时自动进行译码；

信宿：接受在线教育教学的学生；

干扰：在学生学习过程中来自外界的干扰以及网络的干扰；

反馈：学生可以在学习后进行在线测试，向教师进行反馈。

课堂讨论：直线模式在阐述人类的社会传播过程之时具有明显的缺陷，试着分析直线传播模式在传播信息时具有哪些缺陷。

1.2.2　循环模式

在人类的传播活动中，传播者和受传者的角色常常会发生转换，现实生活中的每个人都既是传播者，又是受传者。直线模式把传播者和受传者的角色、关系和作用固定化，不能发生角色的转换；而且直线模式缺乏反馈的要素或环节，不能体现人类传播的互动性质。

1954 年，施拉姆（Wilbur Schramm）在奥斯古德（Charles Egerton Osgood）观点的启发基础上提出了一个新的过程模式，称为"循环模式"，如图 1-5 所示。

循环模式没有传播者和受传者的概念，传播双方都作为传播行为的主体，通过讯息的授受处于你来我往的相互作用之中。该模式的重点不在于分析传播渠道中的各个环节，而在于解析传播双方的角色功能；参加传播流程的每一方在不同阶段都依次扮演着译码者（执行接收和符号解读功能）、释码者（执行解释意义功能）和编码者（执行符号化和传达功能）的角色，并相互交替着扮演这些角色。

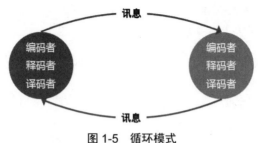

图 1-5　循环模式

　　奥斯古德和施拉姆的循环模式强调了社会化传播的互动性，并把传播双方都看作是传播行为的主体。但是，这个模式把传播双方放在完全对等或平等的关系中（至少从模式本身看来是如此），与社会化传播的现实情况不符。在现实社会中，由于传播双方在政治、经济和文化地位、传播资源以及传播能力等方面通常存在着差异，这种完全对等或平等的传播关系是极少见的。

　　这个模式能够体现人际传播特别是面对面传播的特点，却不能适用于大众传播的流程。施拉姆本人也意识到了这些问题，于是又另外提出了一个大众传播流程模式，如图 1-6 所示。

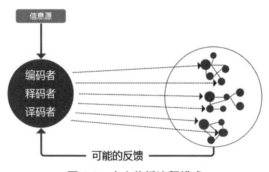

图 1-6　大众传播流程模式

　　构成大众传播流程的双方分别是大众传媒与受众，这两者之间存在着传达与反馈的关系。作为传播者的大众传媒与一定的信源相连接，通过大量复制的讯息与作为传播对象的受众相联系。受众是个人的集合体，这些个人又分属于各自的社会群体；个人与个人、个人与群体之间都保持着特定的传播关系。施拉姆的这个模式在一定程度上揭示了社会化传播流程的相互联结性和交织性，已经初步具有了系统模式的特点。

案例　考试前的解惑答疑

　　教师和学生同时扮演传播者和受传者，相互传达信息。

　　学生向老师提出疑问，充当编码者。老师在接收到学生的疑问后进行编码、释码和译码，再传递给学生，学生再实现释码和译码的过程。

1.2.3 互动过程模式

德弗勒互动过程模式是主要的传播过程模式之一，20 世纪 50 年代由美国社会学家德弗勒（Melwin DeFleur）创立，又称为"大众传播双循环模式"。其主要观点是在闭路循环传播系统中，受传者既是信息的接收者，也是信息的传送者，噪音可以出现于传播过程中的各个环节，如图 1-7 所示。

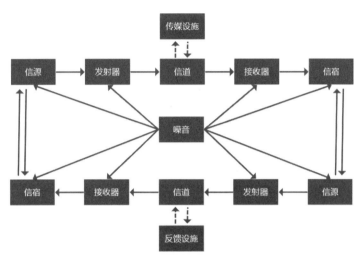

图 1-7　德弗勒互动过程模式

德弗勒互动过程模式是在香农—韦弗模式的基础上发展而来的，它克服了前者单向直线的缺点，明确补充了反馈的要素、环节和渠道，使传播过程更符合人类传播互动的特点。与此同时，这个模式还拓展了噪音的概念，噪音不仅对讯息而且对传达和反馈过程中的任何一个环节或要素都会发生影响。

🖋 **课堂讨论：** 德弗勒的互动过程模式并不是十全十美的，严格地说，这个模式也没有超出从过程本身或从过程内部来说明过程的范畴，试着从外部条件或环境的角度分析德弗勒的互动过程模式。

1.3　传播的产生与发展过程

传播学是研究人类如何运用符号进行社会信息交流的学科。它具有交叉性、边缘性、综合性等特点。传播学研究的重点和立足点是：人与人之间如何借传播的作用而建立一定的关系。

1.3.1 传播的产生

传播学形成于 20 世纪初至 20 世纪 40 年代的美国，它的形成是由许多因素促成的。

从传播媒介的发展情况来说，在这个时期的西方国家，大众报刊和电影已经高度普及，作为新的电子媒介的广播事业发展也十分迅速。媒介的增加和社会影响力的不断扩大，使许多社会科学家越来越关注信息与传播的问题，开始从各自的学科背景出发来研究这些问题。

从历史和社会环境来说，这是一个世界范围的战争与革命的时代。在两次世界大战中，交战双方都利用各种传播媒介进行大规模的宣传，信息心理战在战争进程中发挥了前所未有的影响。在俄国"十月革命"和东欧各国社会主义革命过程中，报刊宣传在动员和组织民众方面起到了重要的作用。所有这一切，都使社会科学家强烈关心传播尤其是大众传播在战争和社会变革中的作用，对宣传的研究成了这一时期的热点课题。

在这个时期，与传播学有着许多衔接点的一些社会科学，如新闻学、心理学、社会学、政治学和文化人类学等都已经有了充分发展，为传播学提供了理论和研究方法的基础。

传播学之所以诞生在美国，也有两个直接原因。

一是美国是世界上传播事业最发达的国家，为媒介和传播研究提供了最合适的环境和社会条件；二是 1933 年在德国纳粹党执政后，大批欧洲学者为躲避法西斯迫害而逃亡到美国，推动了美国社会科学的发展和繁荣。

1986 年，美国传播学家罗杰斯（EverettM.Rogers）在《传播技术》一书中对传播学产生和发展的历史进行了总结，特别强调了十几位学者的重要贡献。

1.3.2　传播的发展过程

施拉姆是传播学科的集大成者和创始人。人们称他为"传播学鼻祖""传播学之父"。他建立了第一个大学的传播学研究机构，编撰了第一本传播学教科书，授予了第一个传播学博士学位，也是世界上第一个具有传播学教授头衔的人。

施拉姆的"最后 7 分钟"比喻：如果把人类历史的 100 万年假设为一天，那么在一天中，人类文明发展历程如表 1-1 所示。

表 1-1　人类文明发展历程

一天中的时间	传播发展历程	历 史 时 间
21：33	出现原始语言	10 万年前
23：00	出现正式语言	4 万年前
23：53	出现文字	3500 年前
午夜前 46 秒	近代印刷术	1450 年
午夜前 5 秒	电视首次公开展出	1926 年
午夜前 3 秒	电子计算机问世	1946 年
	晶体管问世	1947 年
	人造卫星问世	1957 年

施拉姆认为"在人类传播史上几乎全部是空白，一切重大的发展都集中在这一天的最后 7 分钟。"

在人类历史发展的历程中，出现过语言媒介传播、文字媒介传播、印刷媒介传播、电子媒介传播和互联网媒介传播五次传播革命。

1. 语言媒介传播

第一次影响力较大的传播媒介是文字的发明和使用。由于语言转瞬即逝，因而具有很强的地域色彩。世界上不同国家或地区的语言不同，形成了不同的地域习惯和文化传统。

案例　语言传播和巴比塔的传说

古时候，天下都说一种语言，诺亚方舟建好后，人们在迁徙时，来到一个叫"是那"的地方，计划修建一座高耸入云、直达天庭的塔，以显示人类团结的智慧与力量。塔很快就开工建设了，且越建越高。为了惩罚世人的骄傲，人们的情感交流被上天扰乱，出现了障碍和误解，猜疑也不断产生，无法继续工作，建造通天塔的工程也就荒废了。

后人把这个故事中的塔称为"巴比塔"。"巴比塔"成为不同民族、不同国家交往的障碍。但这种障碍又被人类发明的媒介一次次突破。

2. 文字媒介传播

从语言到文字的发展道路并不是一条直线。施拉姆说："文字的发明在当时也许认为是理所当然的事，但回想起来则似乎是历史上震撼地球的大事之一。这一发明使人们有可能携带信息越过地球的曲线，带到比讲话的人的声音能传到的、烽火信号或旗帜或标识能被看到的、鼓声能被听到的更远的地方。"

对信息传播而言，文字的出现是一个里程碑式的事件。信息藉此可以保存，在传播的过程中不会失真，传播的距离和范围大为延展。但在前现代社会，文字传播的劣势也很明显，受制于大众的教育水平，文字传播的范围小，成本也高。

3. 印刷媒介传播

我国在公元 704 ～ 751 年发明了印刷术，第一本印制的图书《金刚经》出现于公元 868 年。1041 ～ 1048 年，毕昇发明了活字印刷术，但是由于汉字较为复杂，技术推广缓慢。

1440 年前后，经过几年的秘密实验，德国铁匠古登堡（Johannes Gutenberg）掌握了系统性复制长篇文字的所有元素。第一个元素是活字，用金属铸造而成的字母排列出单字、字行，进而是整篇书页；第二个元素是油墨，这种油墨比墨水黏，能牢牢粘在铅字上；第三个元素使古登堡的发明因而得名，为了把沾满油墨的铅字平均压在纸上，古登堡对螺旋压床进行了改造，印刷机就此诞生了。排好一页纸的字，那个印刷机一天就能复制出好几百页，比手工抄录快 100 倍。三个人使用一部印刷机工作三个月，可以印出 300 册书，这么多书要是用手工抄录，需要三个人抄写一辈子。

古登堡印刷机印出的第一部著作是拉丁文版本的《圣经》，共印了 180 册，在 1455 年出版前就被订购一空。到了 1471 年，欧洲的大城市都建立了印刷厂。印刷机的数量迅速增加，到了 1500 年，大约 1000 部印刷机在欧洲的 250 个大小城镇轰鸣，总共印出大约 1000 万册图书。

古登堡发明铅活字和手压印制设备的重大意义在于它首先在欧洲运用和推广了印刷术，使信息的机械化生产和文字信息的批量复制成为可能，促进了书籍的廉价化，为近代报刊的诞生奠定了基础，使历史从中世纪发展到近代。这期间，能够阅读的大众日益增多，导致思想的广泛传播，推动了哲学与科技的变革，产生了新的政治、经济、社会和宗教制度。

印刷术使信息的传播速度和规模前所未有地扩大，中古社会中的知识垄断被打破，引发了宗教革命和启蒙运动，宛如中世纪漫长黑夜里的一颗明星。印刷术还掀起了大众传播时代来临的序幕，封建制度走向没落，资本主义作为一种新型的生产制度诞生。在印刷时代，国家容易形成政府舆论本位，能对民众造成沉默的螺旋，而在网络时代，自由出版、匿名发表促使舆论本位分散而不定，社会对舆论的控制力与日俱增。

4. 电子媒介传播

此次影响力较大的传播媒介是电报。电子技术最重要的贡献是使跨越时空的实时远距离交往成为现实。电子技术的出现，摆脱了印刷时代的物质束缚，带领人类社会进入了电子时代。

作为一种新型传播技术，电报最初供航海使用，主要用于长距离即时点对点的传播，使大规模贸易和大兵团作战成为可能，引发了政治、经济和军事各领域的剧变。电报技术的出现给通讯社的建立和发展带来福音，成为现代通讯社发展的助推器。1850 年，路透社在德国亚琛创办。电报取代了信鸽，在德国与比利时之间传递信息，从此开启了通讯社的辉煌时代。这些是电报对传媒业最为直接的贡献。

但是，电报介入下的新闻报道不再文情并茂，倾向明显，而是以简单干脆的文体（即电报体）陈述事实，按重要性的大小顺序排列——所谓的倒金字塔体。好处是可以在任何报纸上刊载，无论其政治倾向如何。这种电报式的新题材影响到了公共演说，简短的讲话开始流行。同时，电报加快了新闻传播的速度，了解新闻更加容易。

5. 互联网媒介传播

如果古登堡和他的印刷术创造了一个银河系的信息量，那么互联网则创造了整个宇宙的信息量。20 世纪的最后 30 年，互联网创造了很多奇迹，获得了突发猛进的发展，是军事策略、大型科学组织、科技产业和反传统文化的创新所衍生的独特混合体，开启了人类信息传播的第五次革命，使人类传播进入信息时代。20 世纪初以来，从来没有一项其他发明如此深刻地改变人们的生活，计算机拥有海量的几乎没有限制的存储信息的能力，它的诞生是现代科技发展最大的推动力。

1）网络

在新技术环境中，网络具有三个主要特征：灵活性、可扩展性和可存活性，这使得网络成为最有效的组织形式。

（1）灵活性。网络能根据变化的环境进行重新配置，在改变组成部分的同时仍能坚持目标。它们徘徊于通信通道上的阻塞点，以便发现新的连接。

（2）可扩展性。网络能在没有中断的情况下扩大或缩小规模。

（3）可存活性。因为网络没有中心，且能在广泛的配置上操作，因此能抵抗来自节点和代码的攻击，因为网络中心的代码被包含在若干个节点中，这样就能再生指令，并发现执行指令的新路径。

2）信息处理与移动技术

技术专家一共创造了 4 次信息处理的浪潮，使信息处理技术逐渐走向移动技术，从大型计算机、小型计算机、台式计算机到互联网个人计算机，这些终端的更替对社会的影响一次比一次深刻。

（1）大型计算机。

查尔斯·巴贝奇（Charles Babbage）在 19 世纪发明了一台机械计算机，用来制作对数和三角的数学表格，如图 1-8 所示。

图 1-8　查尔斯·巴贝奇和他发明的机械计算机

在第二次世界大战期间，出现了对电子计算机的迫切的新需求。盟军需要迅速并精确地计算炮弹的弹道，以射中目标，科学家研发出第一台现代电子计算机埃尼阿克（ENIAC，电子数字积分计算机），只需要 30 秒钟便可完成上述计算。它没有对战争产生影响，却直接推动了大型电子计算机的开发。

电子数字积分计算机的重量超过 30 吨，而且占地面积超过 200 平方米，创建了前所未有的功业：发射卫星和登月；在商业活动中能自动化制表，消除重复计算和记错账的可能性；简化了后勤物流等。

（2）小型计算机。

小型计算机有冰箱大小，价格也比大型计算机便宜。1965 年，美国数字设备公司制造出了 PDP-8 小型电子计算机，取得了第一次商业化的成功，如图 1-9 所示。在当时，买一台大型计算机的钱可以买 5 台小型计算机，之后，小型计算机的价格不断降低。价格优势和小巧轻便使得很多在大型计算机上无法运行的应用程序得以在小型电子计算机上应用。小型计算机的问世引发了计算机新应用的井喷，工厂将小型计算机应用在各种操作设备上。

（3）台式计算机。

1975 年，《大众电子学》杂志的封面文章介绍了第一台台式计算机"牛郎星"，震惊了世界，如图 1-10 所示。它是一个自主组装装备，可以放在家里，也可以放在办公桌上。1980 年，台式计算机的销量为 50 万台，是同年小型计算机销售量的 6 倍。它把计算机信息处理技术带入到了新的发展阶段，书写、计算、存储和文件传递等工作皆能完成。台式计算机实现了办公自动化，影响最大的是电子制表软件。

图 1-9　小型计算机 PDP-8　　　　图 1-10　台式计算机"牛郎星"

（4）互联网个人计算机。

苹果公司在 1984 年推出了 Macintosh 计算机和鼠标界面，彻底改写了计算机的发展史。同时，手机也发展迅猛，20 世纪 70 年代第一批蜂窝电话问世，1973 年，摩托罗拉公司研制出手机，1979 年，日本电信株式会社发布第一代蜂窝移动电话网络（1G），网络覆盖全东京 2000 万用户，并于 1984 年覆盖全日本。世界上第一部智能手机 IBM 的个人通信器"西蒙"在 1993 年投入生产，如图 1-11 所示。

第一部拍照智能手机诞生于 2002 年，即索尼爱立信的 P800，此后迅速流行，几乎人手一部。2007 年，GPS（全球定位系统）出现，诺基亚 N95 上市。同年，iPhone 的出现再次改写了人们的传播方式，如图 1-12 所示。随着智慧型手机和 5G 网络的普及，手机逐渐成了大众拍摄和记录的工具。

图 1-11　个人通信器"西蒙"　　　　图 1-12　智慧型手机 iPhone

3）网络社会

网络社会一词，首次出现于狄杰克（Jan Van Dijk）在 1991 年出版的 De Netwerkmaatschappij 中。狄杰克认为，网络社会是由各种不同网络交织所形成的，而网络也决定了社会的走向和目标，影响的层次包括个人、组织以及社会。曼纽尔·卡斯特（Manuel Castells）于 1996 年出版的 *The Information Age* 书中大量使用网络社会的概念，描述当代社会的转型。由于科技越来越进步，无远弗届的沟通以及运输工具的发达更加强了点对点的互动，社会组织已经由过去垂直或水平式组织，转变为分散的形态。旧的社会是由团体、组织与社群聚集而成，但网络社会却是由点与点之间连接而构成。曼纽尔·卡斯特认为，网络社会对于制造、经验、权力以及文化具有很大的影响力。曼纽尔·卡斯特将网络的集合视之为社会，但狄杰克认为，社会仍是由团体、组织等形成，但这些团体的关系与互动会受到网络的巨大影响。

网络社会是指信息时代的社会。它是一种全新的社会结构，这一社会结构源于社会组织、社会变化以及由数字信息和通信技术所构成的一个技术模式之间的相互作用。在新的历史条件下，网络技术作为新经济的重要力量，成为信息时代的镇静剂与社会的重要动力，只有融入全球的网络互动中，社会、经济和文化的持续发展与竞争才能得以实现。

20 世纪 90 年代以来，"网络社会"在不经意之间成为各学科甚至一般大众纷纷引用的关键词。基于不同文化背景的差异，网络社会的模式和表现形态也不同。由于新社会技术进步进程与每个社会文化和历史之间的细微交互作用，在网络社会的不同发展阶段，也表现出了不同的形态。通过运用新社会技术范例式亲自试验来开发社会，土生土长的网络社会将会出现，这将植根于它们的特性，并向其他文化的社会形式开放。网络化进程将允许人类试验的杂交式发展，那么全球网络社会则会是基于不同特点的、形式各异的、彼此能通信的网络社会。

1.4　传播的符号与意义

在现实生活中，我们习惯把"1、2、3⋯⋯"称为阿拉伯数字，把"a、b、c、d⋯⋯"称为英文字母。它们都属于符号，在不同的领域有着不同的概念。在传播学中，符号具有极为广泛的含义。

日本学者永井成男认为，只要在事物 X 和事物 Y 之间存在着某种指代或表述关系，即"X 能够指代或表述 Y"，那么事物 X 便是事物 Y 的符号，Y 便是 X 指代的事物或表述的意义，如图 1-13 所示。

图 1-13　X 指代或表述 Y

结构主义语言学奠基人索绪尔（Ferdinand de Saussure）将以上提到的关系界定为"能指"和"所指"。能指，又称为意符，通常表现为声音或图像，能够引发人们对特定对象事物概念的联想，是符号的物质形式。所指，也称为意指，即意符所指代或表述的对象事物的概念（意义）。

举个例子，歌词和乐曲构成了国歌的能指，而国歌背后的国家历史和民族精神，则构成了国歌的概念意义，即意指。

因此，符号即信息意义的外在形式或物化载体，是事物表述和传播中不可缺少的一种基本要素。

案例　**红色方框的能指和所指**

看到一个红色的色块，我们会联想到什么？

红色的方块、红旗、热情、喜庆……

这里，红色的方块和红旗就是能指，而热情和喜庆等便是意指。

1.4.1　符号的分类

人类的符号体系中包括信号和象征符。

1. 信号

信号与其表示的对象事物之间具有自然的因果性。一切自然符号都是信号。例如"乌云压顶，天将下雨"，那么乌云就是下雨的信号。信号与其表示的对象之间通常具有一对一的固定对应关系，例如孔雀开屏是一种求偶的行为。

2. 象征符

象征符必须是人工符号，是人类社会运转过程中创造出来的；象征符不仅能够表示具体的事物，而且能够表达观念、思想等抽象的事物；象征符不是遗传的，而是通过传统、通过学习来继承的；象征符是可以自由创造的，这就是说象征符在与其指代的对象事物之间不需要有必然的联系，它们的关系具有随意性。

由于语言（包括在线语言的文字）是人类最基本的符号体系，传播学一般也将人类使用的符号分为语言符号和非语言符号两大类。

1. 语言符号

语言是一种典型的象征符体系。人们在说到或看到"水"这个词时，大脑中不但会出现江、河、湖、泊的形象，还会意识到它是人类的宝贵资源，是保证地球生态平衡的重要因素等。

这就是说，象征符的作用已经超出了知觉的层次，具有表象和概念的功能，如图 1-14 所示。

2. 非语言符号

非语言符号可以分为以下三种类型。

（1）语言符号的伴生符。例如声音的高低和速度的快慢等。

（2）体态符号。如人的动作、手势、表情、视线和姿势等。一般来说，体态符号既可以独立使用，也可以和语言并用。它在形成语境方面有着重要的作用。

（3）物化、活动化、程式化和仪式化的符号。

非语言符号多为语言符号的辅助物，但第三类非语言符号则具有更强的独立性和能动性，如图 1-15 所示。

图 1-14　语言符号　　　　　图 1-15　非语言符号

1.4.2　符号的基本功能

传播学中的符号具有表述和理解功能、传达功能和思考功能。

1. 表述和理解功能

人与人之间的传播活动，首先表现为符号化和符号解读的过程。人所交流的精神内容本身是无形的，只有借助符号才能够将无形的精神内容具体化、符号化。

2. 传达功能

作为精神内容的意义，如果不转换为具有一定物质形式的符号，是不可能在时间和空间中得到传播和保存的。

3. 思考功能

人在思考的时候，首先要有思考的对象和关于思考事物的知识，而这些都是以形象、表象和概念的符号形式存在于人脑之中的，因此思考本身也就是一个操作符号，并在各种符号之间建立联系的过程。

1.4.3　传播的意义

意义就是人对自然事物或社会事物的认识，是人为对象事物赋予的含义，是人类以符号形式传递和交流的精神内容。

举例说明意义的概念：太阳东升西落是一种典型的自然现象，人们将对这个规律的认识应用到了对人生意义的思索，因而有了"年轻人似朝阳"的比喻，也有了"夕阳无限好，只是近黄昏"的感叹。

意义活动属于人的精神活动的范畴，但它与人的社会存在和社会实践密切相关。

意义在人类的社会生活中起着重要的作用，人与人之间的社会传播实质上也就是意义的交流，意义活动是人类最基本的活动之一。

1. 符号意义的分类

符号是意义的携带者，任何一种符号都有其特定的定义。

1）明示性意义与暗示性意义

明示性意义是符号的字面意义，属于意义的核心部分；暗示性意义是符号的引申意义，属于意义的外围部分。明示性意义具有相对稳定性，暗示性意义容易发生变化。

2）外延意义与内涵意义

外延和内涵是为事物的概念下定义的两种基本方法。例如"人"这个概念可以外延列举出"男人""女人""中国人"等；"人"的内涵是"能够制造和使用工具，具有抽象思维能力。"

课堂讨论：以天气预报图标为例，尝试分析不同图标的外延意义和内涵意义。

3）指示性意义和区别性意义

指示性意义是将符号与现实世界的事物联系起来进行思考的意义。而区别性意义是表示两个符号的含义之异同的意义。

2. 符号的暧昧性

符号是人们交流意义的基本工具，但是符号所传达的意义并不总是清晰的，有时甚至很模糊。

以最常用的语言符号为例，在很多场合很难做出明确判断，语言符号的暧昧性主要体现在以下两个方面。

1）语言符号本身意义的模糊

例如网络语言"真香"，一部分人认为这个词纯粹是在夸赞某一样东西很香；另一部分人用它形容预计的事情和最后的结果截然不同的一种心理状态。

2）语言符号的多义性

部分符号具有两种以上的意义，有时很难准确判断。例如"王阿姨的饭菜很好吃"这句话就有两种意义：一是王阿姨购买的饭菜很好吃；二是王阿姨做的饭菜很好吃。

意义是从社会生活中产生的，它像社会本身一样，纷繁复杂，千姿百态。

3. 传播过程中的意义

符号本身是具有意义的，但意义并不仅仅存在于符号本身，而是存在于人类传播的全部过程和环节中。

1）传播者的意义

在传播行为中，传播者通过符号来传达它所要表达的意义，即从事符号化操作。然而，传播者的意义并不总是能够得到正确的传达，作为符号化过程的结果而形成的符号系统（文本）未必能完全代表传播者的本意。

2）受传者的意义

对同一个或同一组符号构成的文本，不同时代的人有着不同的理解，同一时代的不同的人也会有不同的理解或解释。这说明符号本身的意义与受传者接受到的意义未必相同。

3）情境意义

著名语言学家罗曼·雅各布森（Roman Jakobson）曾经指出，语言符号不提供也不可能提供传播活动中的全部意义，交流的所得，有相当一部分来于语境。所谓语境，在传播学中叫作传播情境。传播情境指的是对特定的传播行为产生直接或间接影响的外部事物、条件或因素的总称。

在很多情况下，传播情境会形成符号文本自身所不具有的新意义，并对符号文本的意义产生制约。

1.5　传播技巧与传播效果

传播技巧是为了达到预期的传播效果而采用的方式方法。大众传播根据环境、传播对象和时间等因素采取不同的传播技巧。传播效果是由多种因素作用而成，传播技巧就是其中之一。分析传播技巧有利于在传播的过程中针对不同的传播情境达到预期的传播效果。

下面从一面提示和两面提示、明示结论和寓观点于材料之中、诉诸感情和诉诸理性和恐惧诉求四个方面来阐述传播技巧和传播效果的关系。

1. 一面提示和两面提示

一面提示指的是只向受众提供自己的观点或对自己有利的判断材料；两面提示指的是在向受众提示自己的观点和对自己有利的判断材料时也会向受众提示对立面的观点或不利于自己的材料。

无论是采用一面提示还是两面提示都要根据不同的对象来选择。在现代教育中，我们通常接受的是一面提示的教育。随着互联网的发展，人们获取知识的渠道变得多样化，受众能够从多方面搜索并得到对立面的观点和立场，因而对之前所接受的一面提示产生怀疑，影响最终的传播效果。

并不是对所有的对象都适合采取两面提示。对于还未形成正确人生观、价值观的未成年人，一面提示有利于巩固自身的立场和教育成果，产生较好的传播效果。对于接受高等教育的成年人，采用两面提示，能够事先产生免疫效果，在接触到对立面的观点时，能有更深层次的思考，不会产生很大的变动。

2. 明示结论和寓观点于材料之中

在说服对方时，根据不同的对象可以选择采用明示结论或者寓观点于材料之中的传播方式。对于受教育程度较低的人群，明示结论比较明确简单，能够产生较好的传播效果，但是对于受教育程度较高的人群，寓观点于材料之中是比较合适的方式。这种方式使观点比较隐晦，受教育程度高的人能够根据材料得出自己的思考结果和观点，不只是简单的结论。

当然，传播的场合也非常重要，如果是阐述非常复杂的事件，明示结论可能会产生更好的效果。如果一位经济学家用很多的经济学知识来阐明什么公司值得投资，而没有明确的结论，那么普通的大众很难明白其中所说的重点。如果在文章末尾明确指出具体的公司，则会有更好的传播效果。

3. 诉诸感性和诉诸理性

诉诸感性是在传播的过程中采用感性诉求的方法；诉诸理性是在传播的过程中采用理性诉求的方法。诉诸感性和诉诸理性在传播的过程中对传播效果都会产生一定的影响。在现代传播中，通常会采用诉诸感性和诉诸理性相结合的方式，动之以情晓之以理。

4. 恐惧诉求

恐惧诉求指的是用严重的后果唤起人们的危机意识和紧张心理，从而改变自身的行为。这种传播技巧产生的效果也叫警钟效果。警钟效果在我们的生活中随处可见，比如"吸烟有害健康""没有买卖就没有杀害""请勿酒驾"等。公益广告中可以预见吸烟多年后对身体产生的危害；可以看见杀害野生动物后造成的生态破坏结果最终会危害到人类自身；可以看到酒驾产生的不可挽回的后果。这些警钟效果能够让人在恐惧心理的支配下接受传播者的目的和意图，从而改变自身的行为。

课堂讨论：在警钟效果的过程中应该把握度的大小，不能太过夸张而造成人群的混乱和社会的动荡。让学生以抢盐和抢卫生纸等事件，分析过度恐惧心理对传播效果的影响。

1.6 传播的社会功能和影响

人们处于信息爆炸的年代，传播充斥在社会的每一个角落，影响着人们的衣食住行。它和政治、经济、文化一样，是社会的重要成分，并且影响着社会各个方面的发展。学习和研究传播的社会功能和对社会各个方面的影响，可以更好地改善和发展大众传播。

1.6.1 传播的社会功能

传播的社会功能包括正面功能和负面功能，下面逐一进行讲解。

1. 传播的正面功能

获取信息、社会化途径、知识教育、舆论监督与引导、文化传承与交流和调节身心是传播的正面功能。

1）获取信息

人们可以从大众媒介或其他信息传播渠道获得维持心理平衡和生存需要的信息。

2）社会化途径

人们需要学习并参与社会活动以适应社会的需要，一个自然人发展成社会中的人的过程即社会化过程。大众传媒在社会化过程中扮演着重要的角色，它在塑造自然人的社会化过程中具有渐进性和累积性。

3）知识教育

广义上说，传播能够开阔人们的视野，丰富人们的阅历。从狭义上说，传播者有意识地传播科学文化知识，能够扩张人们的知识结构，提高人们的素质修养。

4）舆论监督与引导

人民群众可以通过新闻媒介对政府及其工作人员进行监督，并且有针对性、有倾向性地反映公众的意见和要求；媒体可以通过讨论、报道等形式为公众建立正确的价值观和生活态度。

5）文化传承与交流

人类文明成果的累积离不开传播活动，文化传承是有所扬弃的文化增值过程。

6）调节身心

人们可以通过传媒把潜在的能量引向社会无害的游戏状态，让人在情感宣泄中得到补偿。

2. 传播的负面功能

媒介情境非真实化、文化殖民化、信息庸俗化和思想行为惰性化是传播带来的负面功能。

1）媒介情境非真实化

媒介构建现实的来源并非子虚乌有，而是真实的社会现实，这个展示过程是主体对客体的反映。从本质上讲，媒介所构建的现实是一种拟态环境，即通过模拟现实而营造的环境。拟态环境与真实环境的区别在于对事实的选取和组合。由于媒介的作用，人的行为很大程度上不再是对实际社会现实的反映，而是对媒介提供的拟态环境的反映。

2）文化殖民化

大众媒介为某个民族文化向其他民族文化扩张提供了便利。西方媒体长期在国际社会中处于支配地位，他们已经习惯于将自己的价值观念和政治制度强加于他们势力所及的世界各地，要那些和西方的政治文化背景以及社会经济条件相差甚远的发展中国家也加以采用，试图追求一种一呼百应的效果。

3）信息庸俗化

大众传播时代的到来，结束了知识信息作为上流阶层的特权，进而垄断人类精神生活的时代，使知识信息进入了大多数人的日常性消费。人类精神产品的世俗化对于提高社会整体文明水准，增强较低阶级公共生活意识具有时代意义。但同时人们也注意到了大众文化所带来的功能性负效应，即信息的庸俗化。由于"利益驱动"的原因，受众作为商品被出卖——以接受率为标准，用以交换广告费。文化制造商们迎合"大众对庸俗、色情以至野蛮行为的渴求心理"。每天都在向社会大批量生产庸俗低劣的传播品，即大量的"垃圾信息"。

4）思想行为惰性化

视频培养了人们图像化的思维能力，浅显易懂，这种思维惰性的形成与视频试听引起的生理和心理变化相关。媒介是大众的审美鉴赏力退化和文化水平下降的重要原因，常常以廉价的代价占有剥夺别人的自由时间，让人沉醉在虚幻的满足之中，由此剥夺了人的行动能力。

1.6.2　传播对社会的影响

我们生活在一个传播的时代，报刊、电视、微博、微信和短视频等大众传播媒介渗透到社会的各个阶层和各个角落，小到个人的衣食住行、工作、学习和娱乐，大到社会的政治、经济和文化，无一不和传播有着密切的关系。大众传播的信息就像空气一样弥漫在我们周围，无论对于社会发展，还是对于现代人的生活都产生了深远的影响。

1. 传播对政治的影响

政治体制决定了大众传播的体制，而大众传播体制又反作用于政治体制，它对于维护政治权力的合法性、促进社会民主化的发展、参与政治决策和进行舆论监督等方面均起到重要作用。

在当今的社会，大众传播带来了崭新的政治舆论环境，在这个环境中，大众传播不仅能够单纯地传达统治阶级的意志，还可以作为中介机构，通过与受众的信息沟通，参与到政治决策中。并且还能通过有效地附和民意的舆论监督，影响政治进程。同时，大众传播的发展还为社会民主的实施提供了必要的技术和传播基础。可以说，社会民主进程与大众传播的发展息息相关。民主思想传播和社会民主政治的实行，都需要大众传播予以配合，而民众的意见和声音也越来越受到人们的广泛关注。

现代社会，政府和公众的民主对话活动日益频繁。对话也从传达一般信息发展到对政治和经济活动的探讨。社会生活中带有的敏感性问题如房价、教育和交通，都可以从探讨性的话题中得到一定的沟通和理解，还可以充分利用广播、电视、报刊和网络等大众传播媒介将大范围的社会性话题引向持久和深入。大众传播已经成为协商对话最重要、最普遍的通道，是政治社会化最重要的手段。

2. 传播对经济的影响

传播是具有极大潜力的经济力量，人们每时每刻都会接触到的广告和新闻，可以让大家很好地了解社会动态，跟上时代的脚步。

传播作为一种信息产业，其本身就是国民经济不可或缺的重要组成部分。随着信息技术的发展，传播的手段和方式日益丰富和成熟，它自身在经济领域的影响力也不断壮大。目前，大众传播形成的产业链早已不限于出版、广告和发行，从打造专业网站、社交 App、赞助、策划、举办大型赛会，到数字广播和数字接入业务运营，甚至在批发、零售等领域都可以看到大众传播的身影。同时，现代传播产业也正向技术密集型和人才密集型产业转化，这不仅为国家提供了大批就业机会，而且大量媒介产品的成功开发更带动了消费市场，逐渐成为了推动现代经济发展的新生力量。

在大众传播的信息中，经济问题的报道与评论比重越来越大。财经类媒体的不断涌现，对于宣传和解释国家的经济方针和政策、提供相关的信息与知识和促进各国经济发展起到了良好的作用。更重要的是，大众传播的环境监测功能也在社会经济领域起到很大的作用。一方面，大众传播通过收集、发布经济信息，引导生产和消费；另一方面，大众传播担负起公众赋予的责任，行使监督职能，对于经济领域中不合理的、不合法的和侵害公众利益的行为予以揭露和谴责，有效地促进了社会经济的良性发展。

3. 传播对社会文化的影响

社会文化在整个社会系统中有着不可替代的功能，它提供了维护社会系统稳定的共同价值观，并使社会的规范秩序合法化。传播正是这种文化价值观的最佳载体。传播对文化的影响持久而深远、广泛而普遍，因此大众传播也被人们看作是"文化工具"。首先，大众传播能够传承文化。人类社会的发展是建立在继承和创新的基础之上的，大众传播能继承传统文化的精髓，是保证社会遗产代代相传的重要机制。其次，大众传播还能促进文化的创造和选择。大众传播会依据一定的标准兼收并蓄外来文化，并结合本土文化予以创造性地发展，这对一个国家、一个民族、一个社会持续而持久的发展史非常有帮助。

传播的形式不同，对文化的影响也不同，但是无论采用哪种传播形式，它们传播的速度和效率以及传播的范围和效果都不能进行简单衡量。它可能是爆炸式的，也可能是渐进式的，但无论如何，大众传播对于文化的推进作用是毋庸置疑的。正是有了大众传播，人们才可以更多地接触到其他文化，取其精华，改进并完善自身；正是有了大众传播，人们才可以将先进的文化传扬开去，促进人类的共同发展；正是有了大众传播，人们才可以在古老的文化中寻找自身的发展方向。大众传播作为文化的载体，正在以一种无与伦比的力量将人类文化推向一个新的高度，在这个高度上，各种文化的交流与融合大大加快，产生的碰撞也会更加强烈，各种文化间的竞争最终也会体现到大众传播上。

4. 传播对个人的影响

随着社会生活节奏的不断加快，信息产生和更新的速度也越来越快，人们越来越多地依赖大众传播获取信息、安排生活和缓解压力。并且随着科学技术的不断更新，大众传播手段也日益丰富起来，从报纸杂志到广播电视，再到如今的互联网络，大众传播似乎总在不经意间壮大着自己的力量。通过网络，人们可以更自主方便地获得自己所需要的资料，可以说大众传播正由以往的方向性较强的输入传播方式逐渐转变成更注重交互的传播方式，甚至还向用户自主定制的趋势发展。大众传播将整个世界呈现在人们眼前，丰富了人们的知识，加强了人们之间的交流，促进了人类文明的发展。

大众传播作为庞大的媒介系统，还从根本上改变着人们对世界的认知和人本身的行为。由于大众传播受到其系统内部组织结构和活动规律的制约，它向人们揭示的环境并不能简单地等同于客观环境本身，而是环境的再现，即信息环境。作为受众，直接看到的、接触到的信息是经过大众传播加工后所提供的信息环境资源，这种信息环境资源本身是不客观的，但受众通常不会意识到这一点，而将其作为客观环境本身看待，并据此采取进一步的行动。也就是说，受众的行为实际上是对信息环境的反应，但作用的结果却是实际发生的现实环境。由此便造成这样一种状况：大众传播形成的信息环境，不仅制约人的认知和行为，而且通过制约人的认知和行为来对客观的现实环境产生影响。这样一种机制，使得现代环境不仅越来越信息化，而且信息环境也越来越环境化。也就是说，大众传播提示的信息环境，越来越有了演化为现实环境的趋势。

课堂讨论： 在研究传播对社会正面的影响时，必须对它的负面影响有足够的认识，及早防范，尽可能地把负面影响减少到最低程度，使传播媒介在推动社会进步中发挥更大的积极作用。学生根据身边的传播案例，试阐述传播给社会带来的负面影响。

1.7　本章小结

本章重点介绍了传播的定义和特点，帮助学生掌握并理解传播的概念。同时对传播的模式、传播的产生与发展过程、传播的符号与意义和传播技巧与传播效果进行了讲解。同时对传播的社会功能和对社会的影响也进行了分析。通过本章的学习，使学生掌握传播学的基本知识，为学习新媒体传播打下基础。

第2章 传播媒介

媒介是传播过程的重要组成部分，也是大部分传播行为得以实现的重要物质手段。媒介是用来扩大并延伸信息传送的工具。对传播媒介的研究，一方面涉及媒介工具本身的物质特性和符号传播特性；另一方面涉及媒体组织的运行、管理和经营。

认识媒介可以从多个角度进行，由此可以分析报纸、广播、电视和互联网四种大众传播媒介的传播特征。媒介各有所长，各有所短，它们发展的趋势是互相竞争和互相融合的。对于受众来说，选择媒介要考虑报偿的保证和费力的程度。

本章将针对传播媒介的基础知识进行讲解，帮助学生了解媒介的概念、本质与功能。掌握媒介的构成要素、媒介的发展阶段，理解不同传播媒介的特征和传播媒介选择的依据。

2.1　了解媒介

媒介是传播过程的重要组成部分，也是大部分传播行为得以实现的重要物质手段。对于人类的信息传播行为来说，如果缺少了媒介，也就只能局限在非常狭窄的时间和空间范围之内，能参与传播的人非常有限，能得以传播的信息也很少，传播的效率、速度也非常低下。对于大众传播活动来说，传播媒介更是不可或缺的工具。

2.1.1　媒介的概念

所谓媒介，在传播学意义上是指利用媒质存储和传播信息的物质工具。美国著名传播学家施拉姆认为："媒介就是传播过程中，用以扩大并延伸信息传送的工具"。

媒介概念在不同层面都可以使用。人类生活的一切活动都伴随着传播，每个人和每个群体通过不同的传播媒介、传播模式与外界交流。比如在教学传播过程中会使用语言、幻灯片等媒介。

媒介包括两方面要素：一是包容媒质所携带信息或内容的容器，如书籍、相片、电影胶片、影音光盘、U 盘和移动硬盘等；二是用以传播信息的技术设备、组织形式或社会机制，包括通信类（电话、传真、电子邮件和手机等）、广播类（报纸、杂志、无线电和电视等）和网络类（网站、论坛、微信、微博和社交平台等）三大类，如图 2-1 所示。

图 2-1　媒介所包含的要素

2.1.2　媒介的本质

　　媒介即中介或中介物，存在于事物的运动过程中。传播意义上的媒介是指传播信息符号的物质实体，如施拉姆所说："媒介就是插入传播过程之中，用以扩大并延伸信息传送的工具。"图 2-2 所示为施拉姆。

图 2-2　施拉姆

　　媒介是一种复杂的事物，界定和认识它的角度有很多方面，施拉姆甚至把大众传播媒介出现之前的鼓声、烽火乃至宣讲人和集市都归入媒介之列。界定媒介，可以沿着以下的思路进行。

　　首先，媒介是一种物，而非人。为了扩大和延伸信息传送范围，传播者可能使用传播工具，也可能会借助某些代言人。但是，人与工具在传播过程中的地位和特性是迥异的，应当进行区分研究和分析。

　　1. 传播媒介不同于传播形式

　　传播形式是指传播者进行传播活动时所采用的作用于受众的具体方式，如口头传播形式、文字传播形式、图像传播形式和综合传播形式等。在政治传播中，过去人们常采用文艺形式、音乐形式、忆苦思甜形式和参观访问形式等。在文字传播形式中，人们可以运用书籍、报纸、杂志、传单和小册子等媒介进行信息传播。一种传播形式可以运用不同的媒介，而一种媒介也可以服务于不同的形式，如电视就可以证明这一功能。但传播形式表明的只是传播活动的状态、方式和结构，而传播媒介显示的却是实实在在的物体。

2. 传播媒介不同于传播符号

符号是指表达或负载特定信息或意义的代码（如语言、文字、图像等），而媒介是指介于传播者与受传者之间，用以负载、扩大、延伸和传递特定符号的物质实体。作为一种代码或手段，符号反映了人对事物认识的过程和信息表达的逻辑特点，因此往往具有抽象性、有序性、思维性和意识性等特点。作为一种物质实体，媒介反映了物质和能源的本身特点和存在面貌，如石碑坚硬，纸张薄软，大喇叭粗犷，电视机精致……它们都有形体、重量、尺寸，可移动、保存、毁坏。信息与符号、符号与媒介之间的关系，犹如毛与皮的关系，皮之不存，毛将焉附？

3. 传播媒介不用于传播渠道

渠道，原意是指航道、水道、途径、通路、门径、水渠等。在传播学中，它是指传播过程中传播和接受双方沟通和交流信息的各种通道，如人际传播渠道、组织传播渠道和大众传播渠道。不同的传播渠道需用不同的传播媒介相配合，而不同的传播媒介又对不同的传播渠道进行定型。例如，人际传播渠道是人与人面对面的交流，决定了只能使用人体器官媒介和空气媒介。但是，信息一旦通过广播、电视传播，就又是大众传播渠道了。人际传播媒介可以随意进入各种传播渠道，并与其间的特定媒介配合使用，而不会改变其渠道形态，但大众传播媒介则完全不同。可见，传播媒介并不等于传播渠道。

总之，传播媒介是传播过程的重要渠道，它虽然本身不构成传播内容，但却是传播内容得以扩散的重要工具。

课堂讨论：许多文章都在谈论媒介融合、媒体融合和传媒融合，试着阐述媒介、媒体和传媒的区别，厘清三者之间的关系。

2.2　媒介的功能

媒介功能是一个多层次的概念，包含多方面的内容：大众媒介本身固有的社会功能。这是由媒介的传播特性所决定的；大众媒介的所有者及社会各方面对媒介功能的期望。这是媒介的工具属性带来的，如商家视之为经商的手段。

拉斯韦尔（Lasswell）和赖特（Wright）是最早认真考虑大众传播媒介在社会中的功能和角色的学者，如图 2-3 所示。拉斯韦尔认为，大众传播媒介有三个显著功能：监视周围环境、联系社会各部分以及适应周围环境和传承社会文化。

1. 监视周围环境

媒介发挥这种功能通常表现为向人们发出危险警报，因此施拉姆把它比喻为"雷达功能"。监视功能还包括媒介提供那些与经济、公众和社会生活密切相关的重要新闻,如股市行情、交通路况、天气预报等。不过,媒介发挥的监视功能也可能引起反面效应,如过度强调危险和威胁,便可能导致社会的恐慌。

图 2-3　拉斯韦尔和赖特

2. 联系社会各部分以及适应周围环境

媒介常常会批评并指示人们应如何对周围发生的事件做出反应。因此,发挥联系功能的就是媒介中那些社论和宣传性的内容。并且,利用媒介的联系功能,通过曝光社会偏差行为来强化社会规范,帮助全社会达成共识。通过突出个人并授予其社会地位,作为对政府行为的检查。在实现联系功能时,媒介可能会阻止对社会稳定产生的威胁,还可以经常反映并管理舆论及其表达。

如果媒介坚持灌输成见或培养众口一词,减少批评以及牺牲少数人发表意见的机会而强化多数人的观点,就会阻碍社会变革和创新,保护甚至扩张了那些需要控制的权力,那么媒介的联系功能也会变成功能障碍。

3. 传承社会文化

媒介将信息、价值观和规范一代代地在社会成员中传递下去。通过这种方式,传承文化的功能,使社会在扩展共同经验的基础上更加紧密地凝聚起来。媒介发挥传承文化的功能,使个人在开始正规的学校教育之前以及学校教育结束以后都能通过持续的社会化过程融入社会之中。正因为媒介提供给个人一个使其认同的社会,因而减少了个人对社会的疏离感和漂泊不定的感觉。不过,有人认为,媒介的非个人化特征,造成了社会中人的个性丧失,减少了社会中亚文化群的多样化,使社会文化过分趋同,造成了大众社会。

赖特在拉斯韦尔的基础上,补充了媒介的第四种功能——娱乐。该功能的目的在于调节身心,给人们提供喘息的机会和轻松的时间。赖特认为,娱乐功能是媒介功能中最为重要的一种功能,当然,也是最为受众所赏识的功能。然而,也有人认为,媒介鼓励人们逃避现实,毁坏了艺术,降低了大众品位,妨碍了人们对真正艺术的欣赏。在当代社会,媒介的这一功能表现得越来越突出。

除了拉斯韦尔提出、赖特补充的媒介四大功能外,另一位传播学者拉扎斯菲尔德和社会学家默顿（Robert C. Merton）指出了媒介的另外三种功能：授予地位、促进社会准则的实行和麻醉精神。其中前两种是正功能，后一种是负功能。

1. 授予地位

授予地位是指媒介通过新闻报道等多种形式，能够授予个人、团体、社会问题以及社会运动以显赫地位，即抬高其身价、扩大其知名度。这也是政界领袖、企业界人士及影视界人士乐此不疲的原因。该功能能够促成社会组织和个人日益自觉的社会行为，因此，从事"公众关系"的人越来越多，并且达到了很高的职业化水平。

2. 促进社会准则的实行

这一功能主要指媒介可以通过揭露某些背离公共道德的行为，以发起有组织的社会行动。这样，可以迫使公众采取一定的行动去反对他们曾经私下予以容忍的偏向，弥合"个人态度"和"公共道德"之间的差距。大众媒介之所以具有这种功能，就在于其本身具有公开性和社会性的特性。

3. 麻醉精神

麻醉精神是指公众与媒介接触时耗费太多时间，从而越来越疏于行动但又误以为参与了社会行动。该功能体现在两个方面：一是让人沉醉于虚幻满足之中，二是由此剥夺了人的行动能力。就此，拉扎斯菲尔德和默顿认为，大众媒介是最高尚、最有效的一种社会麻醉品，中毒的受众甚至都不了解自己的病端。对于该功能的批判，在今天仍有意义。

2.3　媒介的构成要素

无论是笨重粗陋的金石碑刻、竹木简牍，还是轻便精致的报纸、杂志、光盘和U盘，不管其内容和形式如何变化，任何传播媒介在三维空间中都是由物体、符号和信息三个要素构成的，如图2-4所示。

图 2-4　传播媒介的三个要素

2.3.1　物体

物体是传播媒介得以存在的首要因素。没有具体而实在的物质实体，无论多么精美的精神内容也无所依附、无法传播。当面交谈，讯息不便保存，难以置信。于是，便于储存、作为证信的媒介应运而生。《易经》中说："上古结绳而治，后世圣人易之以书契"。在两根等长的绳子上打相同的结，或在两块合拢的木片上刻画特定记号，而后"各执以相考，亦足以相治也。"

文字发明以后，书写媒介先后有泥土、石块、树皮、树叶、龟甲、骨头、羊皮、木竹、布帛、青铜器和纸张等。没有这些媒介，符号无处记载，信息则不能传之久远。所以，墨子认为符号和媒介的产生，是"恐后世子孙不能知也，故书之竹帛，待遗后世子孙；咸恐其灭腐虫绝灭，后世子孙不得而记，故琢之盘盂，镂之金石以重之。"因此，物质实体是构成传播媒介的前提条件。

2.3.2 符号

符号是构成传播媒介的第二要素。一般的物质实体上若没有刻画、负载上特定的文字、图像、声音等人类能够识别、易读的符号。那它可能就是普通的随处可见的石头、木板、金属、砖块、骨头，而不是传播媒介。只有在绳子上打上表示特定事件的"结"，在木板上刻上表示特殊含义的"契"，在树皮或羊皮等物品上面写上传递一定讯息的文字，这些绳子、木板、树皮和羊皮等才能够称之为传播媒介。符号是传播媒介与其他普通的物质实体相区别的一个重要标志，也是构成传播媒介的重要因素。

2.3.3 信息

信息也是构成传播媒介的重要因素。首先，传播信息是传播媒介的基本功能和唯一使命；其次，任何有序的完整的符号都蕴含着特定的信息；此外，信息也是传播者与受传者发生关系、形成互动的理由和前提。

总之，物体、符号、信息三者是构成传播媒介的核心要素，它们相辅相成，缺一不可。当然，将符号转移、负载或者录制到物质实体上的技术（印刷技术、录音和摄像技术等），将信息载体加工、转变为便于使用和接收的技术（如装帧技术、接收技术）等，也是构成传播媒介尤其是现代媒介的基本条件。

2.3.4 新媒介的新形态

与传统媒体环境相比，新媒体背景下的传播环境更为复杂和多变。随着传播门槛的降低，传播主体的数量随之激增，它们本身所扮演的角色也日趋多样化——主要有政府机构、媒体机构、网络服务商和广大网民。"人人都有麦克风，人人都有发言权"的时代早已到来，广大网民更是获得了极大的自由，他们能够随时随地通过各种渠道发出自己个性化的声音。传统媒介中的物体、符号和信息三要素已经转换为新媒介的网络、渠道和内容，如图 2-5 所示。

1. 网络

网络是新媒介传播的基础，例如计算机网络、无线通信网、卫星等。可以说，没有网络就没有新媒体。

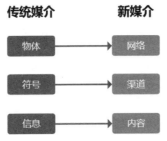

图 2-5 传统媒介与新媒介三要素

2. 渠道

渠道指的是媒体机构、网络服务商和自媒体。媒体机构包括报社、期刊杂志社、广播电台、电视台等，它们将传播业务扩展至网络，通过网络报道新闻、引导舆论、提供服务等，成为了当下重要的传播主体。网络服务商包括百度、新浪、搜狐、网易等，成为了众多网民获取资讯、使用网络的重要平台。而日益活跃的网民凭借微信、微博、博客等自媒体平台来为自己发言。

3. 内容

内容指的是由网络服务商或者自媒体创建的丰富多彩的信息。传播主体数量的激增直接导致信息量的增加，过量的信息在很大程度上分散了受众的注意力，这对受众有效地获取信息产生了不良的影响。在这种情况下，大数据的广泛运用可以十分有效地对信息进行过滤与筛选，从而对特定受众进行内容的精准化投放。

2.4 媒介的发展阶段

人类传播媒介的历史发展依次经历了语言媒介、文字媒介、传统电子媒介和以网络为代表的新媒介等几个明显的发展阶段。每个发展阶段的新兴媒介都在旧有媒介基础上不断扩展功能和作用领域。

1. 语言媒介

人与人的交流依靠口耳相传，从麦克卢汉（Marshall McLuhan）的观点出发，这是一个"感官统合的时代"，是人的整体感官的延伸，媒介偏向趋于平衡。人与人之间关系紧密，初级群体对人的模仿行为、社会化过程都发挥了极其重要的作用。

2. 文字媒介

文字传播媒介打破了年长者对知识的垄断，但也因视觉的偏向和文字的线性规则导致了人的线性思维和个人主义的倾向。文字媒介是空间偏倚媒介，有利于中心对于边陲的控制，强调位移上的传递，由于媒介自身的局限性，交互性较弱。

3. 传统电子媒介

广播、电视等传统电子媒介的兴起在极大程度上改变了人们的生活，在一定意义上，感官"再统合"，使受众的感官趋于平衡。电视的出现将人们的前台、后台行为加以重构，出现了"中区"行为，在某种程度上导致了人们行为的混乱。

4. 新媒介

网络等新媒介打破了空间与时间的限制，网络媒介是人类中枢神经的延伸。高强度的互动性与无界性使人与人之间的关系更为紧密。但在某种意义上来说，网络媒介模糊了虚拟与现实间的界限，形成了"综合的景观"和"超真实"的社会，媒介不再是虚拟的现实，而成为了现实的一部分，这可能导致受众行为的混乱，是值得警惕的。

网络媒介的传播形态的演进速度非常快，在功能与作用领域上的拓展也更为瞩目。在 20 世纪末 21 世纪初，以新浪、搜狐和网易为代表的门户网站能够提供及时、丰富且全面的信息，用户可以通过使用浏览器浏览获取信息。网络论坛也得到快速发展。天涯、猫扑等论坛通过提供共同参与讨论的话题，以互动以及观点的表达为主要特点。版主成为论坛的重要角色，是话题组织和引导的关键。这个阶段为 Web 1.0 阶段。

博客、RSS、维基百科和即时信息等技术的出现使得网络进入 Web 2.0 阶段，用户有了更大的参与权与自我表达权，每个人都有可能成为意见领袖并引领意见走向。Web 2.0 还引入了视频流和在线游戏，电子商务开始统治世界经济。

物联网是 Web 3.0 的最大特征之一，目的是将所有的东西都连接到互联网。目前，虽然还不能将所有设备都连接，但随着 5G 技术的发展，这一目标将在不远的未来得以实现。Web 3.0 更注重以用户为中心，它将排除中间人，没有中心化服务器，所有数据都将在设备之间传播，人们可以自由访问它们。它将创造一个更加人性化的互联网世界。随着人工智能、区块链、AR 和 VR 的发展和日益普及，Web 3.0 将重塑我们的互联网世界。

总的来说，Web 1.0 网络是信息提供者，单向性提供和单一性理解；Web 2.0 网络是平台，用户提供信息，其他用户通过网络获取信息；Web 3.0 网络成为用户需求理解者和提供者，网络对用户了如指掌，知道用户有什么、要什么以及行为习惯，能进行资源筛选、智能匹配，直接给用户答案。

课堂讨论：媒介形态的更迭不是简单的替代关系，而是以提升、过时、复活、逆转的方式向前推进。试论述推动媒介形式演变的是什么？

2.5　传播媒介的特征

不同传播媒介的特征也不相同，接下来分别介绍报纸、广播、电视、互联网、手机等媒介的本体特征。

2.5.1　报纸媒介的特征

报纸是以刊载新闻和新闻评论为主的公开发行的定期印刷出版物，一般以散页形式连续出版。报纸是最早出现的新闻媒介，也是人类最早的大众传播媒介，在人类传播史上占据着重要的地位。

在 20 世纪 30 年代，广播在世界各国迅速发展；到了 20 世纪 50 年代，电视也在发达国家得到了普及。于是有些人惊呼：报纸将被广播和电视所取代。但是，几十年的事实证明，报纸的生命力是旺盛的。如今，尽管广播电视已经深入社会生活的各个角落，互联网也改变了许多人的阅读习惯，但是，报纸仍然没有失去它的存在价值和存在空间，仍然发挥着不可替代的重要作用。

报纸产生之初，内容简单、形式单一、读者少、销路窄。随着社会的进步，报纸的发展经历了由少到多、由简单到复杂、由单一到多元的发展过程。

1. 报纸的传播特点

报纸作为一种平面印刷媒介，其具有以下特点。

1）报纸是视觉媒介，是阅读媒介

报纸通过印刷在纸张上的文字、图片、色彩和版面设计等符号传递信息，诉诸人们的视觉，供人们阅读。这是报纸最根本的特点。

2）报纸的时效性较弱

大多数报纸需要每日出版，其排版、印刷和发行都需要一定的时间。所以，报纸的时效性比起广播、电视和互联网来说要弱，它所刊登的新闻与新闻事件的发生总有一定时间的延迟。

3）报纸的保存性较强

由于报纸的信息是印刷在纸张上，所以其传递的信息比较固定、持久，生命周期要比广播、电视长得多，有利于长久保存。

4）报纸的选择性较强

阅读报纸的选择权掌握在读者手中，他们可以根据自己的喜好和习惯去阅读报纸上的内容，阅读的顺序、时间、地点等均由读者自己决定。

2. 报纸的传播手段

报纸是以散页的印刷品呈现在读者面前的，它的传播内容以文字、图片等符号呈现在一定的版面空间中。

1）文字

报纸的文字，是报纸最核心的传播内容。报纸中最常见的文体主要包括新闻（消息、通讯、特写等）和评论（社论、评论员文章、编者按等）两大类。此外，报纸的副刊也经常会刊登一些文学类和其他种类的文章。

2）图片

图片指的是报纸中的照片、插图等，它们也是报纸传播信息必不可少的手段。图片的作用非常重要，它既可以在相同的版面空间传递抽象的文字不能传递的信息，还可以起到美化报纸版面的作用。在杂志、广播、电视和互联网的竞争压力下，图片作为提高报纸吸引力的重要因素，日益获得了报纸工作者的重视。

3）版面

版面指的是报纸各版的布局，以及报纸整体的划分和设计。设计人员将文章和图片排列于版面的不同位置，并通过色彩和线条进行分隔和装饰。版面涉及文章的分布与组合、标题的大小和形式、栏目的划分和变化、文字的字体和排列，以及装饰元素的运用等。它一方面集中体现报纸的宣传报道意图，鲜明地表现编辑对新闻事实的态度、立场和观点；另一方面也形成了报纸的风格和特色。

课堂讨论： 掌握了报纸媒介的特征后，让学生总结报纸媒介的优缺点，并试阐述在传播何种信息时，选择使用报纸媒介。

2.5.2　广播媒介的特征

广播指的是通过无线电波或导线向广大地区传送声音符号和图像符号的传播媒介。广播分为无线广播、有线广播、声音广播和声音 - 图像广播。

20 世纪 20 年代，第一批正式的广播电台开始播出，并迅速成为公众生活中不可或缺的重要大众媒介。二战后，由于受到电视媒介的冲击，广播也在技术和设备上进行了更新，在传播形式和内容上也进行了调整，出现了调频广播和数字广播等新的广播形式。图 2-6 所示为广播接收设备——"收音机"。

图 2-6　收音机

1. 广播的传播特点

与其他媒介相比，广播具有以下特点。

1）广播是听觉媒介

广播通过声音符号来传播信息，这是广播最根本的特点。广播所使用的声音符号包括：人的有声语言、音乐和音效等。

2）广播的时效性较强

广播利用电波传送信息，速度达到三十万公里每秒，其传递速度是其他任何载体无可比拟的。与报纸和电视相比，广播的制作、传输、接收的环节较少、过程较简单。因此，广播的时效性可以达到各媒介之首。另外，广播可以一天二十四小时播出，除了常规节目之外，一旦发生重大新闻事件，广播可随时插播，并可现场直播。这就使得广播所播出的新闻与实际发生的新闻事件之间的时间差距几乎接近于零。

正因为广播的这种"快"，它有可能成为时效性最好的新闻媒介。

3）广播的保存性较弱

广播的传播内容以声音的方式存在。声音是转瞬即逝的，听众只能一次性地接收和解读它，如果不进行专门的准备，人们很难将广播的内容保存下来。因此，听众对广播的内容往往难以留下深刻的印象，特别是那些内在逻辑关系复杂的事件和抽象、艰深的专业性内容，听众往往不易听清和听懂。人们无法如阅读报纸一样对它进行反复阅读、逐字推敲。

4）广播的选择性较弱

广播是时间性的媒介，通常是按照时间线性顺序进行传播，听众必须沿着时间线顺序收听，而无法在同一时间内自由灵活地选择节目内容。

2. 广播的传播手段

广播是通过声音符号诉诸人们听觉器官的，符号较为单一。声音的传播是物体的振动在媒质中以波的形式传递，它包括语言、音乐和其他声音，具有极强的引起联想、创造形象的能力。广播将各种声音组合起来，以节目的形式传递给听众。

1）广播中的语言

语言是广播声音符号的主要成分，广播主要依靠它来传播信息。广播中的人类语言介于书面语言和口头语言之间，既要严格遵守语法规范，又要适合口头表达。广播语言一方面必须通俗、顺口、响亮、有节奏、无歧义；另一方面也必须要随着时代的进步，提高广播语言的表达水准。

2）广播中的音乐

音乐是广播声音符号中的重要组成部分。音乐不能像语言那样具体地描绘事物，不具有视觉形象的具象性和直观性，但是它"情感的表现多于描绘（贝多芬语）"。在广播节目中，音乐不仅在某些节目中起着重要的烘托和表现作用，而且成为许多广播节目的主体内容。随着技术的进步，立体声广播成为极佳的音乐传播媒介。

3）广播中的音效

音效是广播声音符号中最具有广播个性的一种，它包括自然界及人类行为的声音等。音效的运用可以增强广播的现场感、立体感和真实感，使听众如临其境；音效也可以表现时间和空间，如在节目中利用音效达到时空转换的效果；音效还可以增加感染力，渲染气氛，调动听众的情绪。

还有一种特殊的情况，就是"沉默"在广播中的运用。沉默常常表示在一个重要时刻到来之前的庄严肃穆的停顿，它也传递了丰富的含义。

综上，语言、音乐、音效构成了广播的声音符号体系，它是广播传播手段的基础。

课堂讨论：掌握了广播媒介的特征后，让学生总结广播媒介的优缺点，并试阐述在传播何种信息时，选择使用广播媒介。

2.5.3 电视媒介的特征

电视指的是使用电子技术传输图像及声音的现代化传播媒介。它通过光电转换系统将图像、声音传递和重现在远距离的屏幕上，定期向观众传送各种节目。

自20世纪20年代起，通过电子装置传送图像的技术逐步成熟，30年代第一批电视台开播。二战后，电视迅速普及，一跃成为世界各国影响力最大的媒体。如今，虽然电视受到互联网的冲击，但仍然保持着一定的占有率。图2-7所示为电视节目演播厅。

图2-7　电视节目演播厅

1. 电视的传播特点

与其他媒介相比，电视具有以下特点。

1）电视是视听合一的媒介

视觉和听觉是电视传播信息的渠道，这决定了电视的其他特性，也奠定了电视优势地位的基础。电视使得客观事物的再现直接通过视觉图像映照在人的脑海中，加上画面的配音，使人们听其声、观其形，如临其境。

2）电视时效性较强

这是电子媒介的共同特点。随着科学技术的进步，用来采集信息的电视设备可以随时赶赴新闻现场，第一时间将采集的信息传递给受众；同时，电视信号的接收设备也有所更新，手机电视、移动电视使得人们可以在更多场合获得信息。电视的时效性同广播一样，也可以做到与新闻事件的发生零时差。

3）电视的保存性较差

与广播相同，电视作为电子媒介的一种，其信息转瞬即逝，难以保存。

4）电视的选择性较差

电视是按照时间顺序播出电视节目的，同样不允许观众进行选择。

2. 电视的传播手段

电视诉诸于人类的视觉和听觉。它把运动画面、静止图像、声音和文字等要素通过视听语言的规则组织在一起，以电视节目的形式传递给观众。

1）电视的画面

电视画面是视觉信息的载体，它展示的是客观世界运动的场景和过程。电视画面展示的并非是一个真实的世界，而是一个经过人为选择、处理、加工和改造之后的世界。电视画面经过了人为的设计，主体的行动和发展被放置在某一个场景中进行，同时也涉及构图和镜头的运用（包括景别、角度、运动等）。电视画面用一系列画面的转换来讲述一个完整的行动或过程，其中必然进行了信息的改造和意义的渗透。

2）电视的声音

电视的声音很好地补充了画面无法到达的盲区，如背景、人物内心活动等。声音的叙事往往比画面的叙事有更强的完整性。电视的声音与广播类似，同样包括人的语言（播音员、主持人的话语，解说词或旁白，人物的同期声和配音等）、音乐和音效（现场同期声或效果音响）。

3）电视的文字

电视画面一般都具有内容的不确定性，观众的理解会出现歧义，此时便需要声音或文字进行解释和提示。电视中的文字可以分成两大类，一类是人物语言的字幕，它用一种更清晰的方式来呈现声音的内容；另一类是栏目和节目名称，人物名字、身份、事物的补充说明和演职员表等。从整体上来说，文字是用来辅助画面的。

4）电视的节目

节目是电视传播内容的基本组成单位。不同的电视频道有不同的定位，并因此形成了一系列栏目。这些栏目定期播出，包括新闻节目、资讯节目、财经节目、生活节目、综艺节目、教育节目、体育节目、法制节目和电视剧等，这些类型也常常交叉或融合。

课堂讨论：掌握了电视媒介的特征后，让学生总结电视媒介的优缺点，并试阐述在传播何种信息时，选择使用电视媒介。

2.5.4　互联网媒介的特征

互联网是利用通信设备和线路将全世界不同地理位置的功能相对独立的数以千万计的计算机系统互连起来，以功能完善的网络软件实现网络资源共享和信息交换的数据通信网。

1991 年，欧洲粒子物理研究所的提姆·伯纳斯李（Tim Berners-Lee）开发出了万维网（World Wide Web），以及简单的浏览器，并设立了第一个网站。此后互联网开始向公众普及。随着更成熟浏览器的诞生和联网计算机的增多，在 20 世纪 90 年代中期之后，互联网开始在全世界爆炸性普及，如图 2-8 所示。

图 2-8　互联网媒介

1. 互联网的传播特点

与其他媒介相比，互联网具有以下特点。

1）互联网是一种"多媒体"的传播工具

多媒体，一方面指的是互联网可以整合其他大众媒介及信息传播工具为一个平台；另一方面指的是建立在计算机技术基础上的互联网，使用的是多重符号体系，诉诸的是人们的多个感官。

在互联网传播中，人们可以使用包括文字、图片、图像和声音在内的各种符号进行传播，对眼睛、耳朵等视听通道施加多重的信息刺激。它兼具时间性和空间性。

2）互联网的时效性较强

互联网和广播、电视一样，可以 24 小时随时更新其传播内容，对重要的新闻事件进行现场直播，做到新闻报道与新闻事件的零时差。它的时效性可能是所有媒介中最强的。

3）互联网的保存性较强

互联网上的各种符号信息，可以统一以数字化方式传输并储存，它的保存性非常强。

受众可以像阅读报纸一样反复阅读、观看、收听互联网上的内容，同时以比报纸更方便的形式将各种信息存储下来，还能提供非常强的信息检索功能。

4）互联网的选择性较强

互联网兼具时间性和空间性，但空间性占据主导地位，它是一种非线性的媒介。非线性媒体具有间断性和方向不确定性，经过其传播的信息不受任何人控制，没有先后之分。用户可以随意决定浏览互联网内容的顺序、速度、详略及频率，还可以根据个人的喜好定制互联网的新闻和其他信息内容，甚至真正参与到整个传播过程中。

2. 互联网的传播手段

互联网可以提供多种传播方式，如电子邮件、即时通信和聊天室等，也可以进行大众传播，如网站信息发布、新闻订阅、论坛和电子公告板等，另外，有一些介于两者之间的传播活动，如博客、微课。其中，作为大众传播最重要形式的是万维网的网站信息提供和浏览。

网站是互联网上大众传播内容的主体，提供各种信息，包括文字、图片、视频、音频和动画等，通过超链接把各个部分的内容和各个网页连接在一起。网站还具有一些特有的组成部分，如用户注册、论坛和网上调查等。

🔖 **课堂讨论：** 掌握了互联网媒介的特征后，让学生总结互联网媒介的优缺点，并试阐述在传播何种信息时，选择互联网媒介。

2.5.5　手机媒介的特征

随着互联网技术的发展，人们逐渐从使用传统计算机获取信息转换到使用手机获取信息。手机作为一种新型媒介，它与传统媒介存在诸多差异。这种差异对传统意义上的媒介理论提出了挑战，也使人们看到了手机媒介不同于传统媒介的传播特点，如图 2-9 所示。

图 2-9　手机媒介

1. 普及性

与发展几十年的其他媒介相比，手机市场的发展时间是非常短暂的，但手机的发展速度却是最为迅猛的。根据中华人民共和国工业和信息化部公布的最新数据显示，截至 2020 年 3 月，我国手机用户人数达到了 9.04 亿，网民使用手机上网的比例高达 99.3%，手机普及率远远高于计算机普及率，为我国目前数量最大的终端媒体。手机的迅速普及，为手机媒介的发展提供了基础和希望。

2. 即时性

与有线网络媒介相比，基于无线网络的手机媒介对信息的处理更加及时、快捷。手机作为一种新的媒介工具越来越受到关注，它不仅是个人信息交流的平台，更是一个很好的公共信息传播平台。目前，我国的许多省市都建立了相应的灾害天气手机短信预警机制。手机短信还是政府有关部门及时发送信息的首选。

手机的即时性还体现在手机抓拍新闻、发送新闻的快捷上。手机的拍摄功能、互动功能，开拓了新闻报道的信息源。只要你有信息，愿意传播，每个人都可以成为信息的传播者。特别是面对突发新闻，手机传播速度之快是其他媒体无法比拟的。手机和微博、抖音联动，更让普通人成为记者变得轻而易举了。

3. 移动性

社会生活节奏加快，在一定程度上推动了手机的诞生和发展。手机移动、便携的特性，也恰恰是对人们实际需求的迎合。手机媒介完全是一种以个体为中心构造的媒介，体积小、重量轻，随身携带，实现了边走边看，随时随地收发信息。

手机的移动便捷性还体现在手机媒介信息的保留性、储存性和可转发性。手机信息的接受者如果当时不方便收看，或忘记带手机，或手机没电等，只要条件允许，再次打开手机时，就能继续收看。手机媒介无论是点对点的传播，还是点对面的传播都可以在动态、随意中完成。

4. 互动性

手机媒介的核心特点就是互动。只要手机用户有交互传播信息的愿望，就可以随时随地多方采集和发送信息。手机媒介的互动性使信息传播者和接受者的界限更加模糊。传统媒介与手机媒介的交叉融合，使受众的参与性空前提高。受众通过扫描二维码等形式，对传统媒介的节目进行评论、反馈，使媒介传播效果不断加强。手机媒介自身发布信息时，也注重调动受众的参与意识，通过设置各种有奖问答，鼓励受众参与评论、答题等活动，在很大程度上缩短了信息传播者与受众之间的心理距离，吸引了受众。

5. 分众性

"分众传播"是手机媒介不可忽视的特点。手机载体可以实现无疆界信息服务、一站式信息获取，由点到点的通信变成点到面、一点对多点和多点发散式的互动沟通和分众消费。在激烈的媒介市场竞争环境下，无论是传统媒介还是新媒介都在想方设法吸引受众的眼球，争取受众。手机媒介能够最大限度地满足受众的个性化需求，可以针对用户使用手机的地点、时间特征，为在某一特定区域或活动中的人群提供针对性的信息，个性化的服务。手机媒介的传播受众具有明显的指向性，手机媒介可以定制各种服务，用户不必像看传统媒介新闻那样，花费许多时间从大量信息中选择自己最关注和急需的信息。

6. 服务性

手机作为传播媒介，它不仅仅是一个可以传递和获取高质量的多媒体新闻的平台，还是人们日常生活中所必需的工具，能够提供给受众需要的、贴心的服务性信息，可以看新闻、收发邮件、听音乐、下载图片、炒股、购物、聊天等。政府部门、商业部门、教育部门等也十分注重手机工具性、服务性的开发利用。借助移动平台，政府开通"市长热线"，可以及时了解民众对某项政策或措施的满意度；借助移动警务系统，公安部门通过手机查询，可以随时随地浏览人口、车辆、逃犯等信息，还可以指挥调度警力，部署任务；借助预付卡交易功能，手机可以支付乘公交、地铁、出租车的费用等。

7. 娱乐性

手机媒介的内容是以多媒体的形式存在的，即文字、图片、音频、视频等各种媒体形式的内容都能从手机上获得。随着 5G 时代的到来，手机的通信功能逐渐弱化，更趋向于多媒体化。从受众需求看，碎片传播，也是一种闲暇时间的传播，它所对应的往往是人们在路上或休息的时间，在这些时间里，人们对于娱乐与服务性内容的需求更为突出。手机作为一个新的媒体介质，承担着传播信息和文化娱乐的多重功能。

2.6　传播媒介的选择

一般而言，在选择传播媒介时要注意内容、范围、持久性、针对性、可行性和经济性等几方面的问题。

1. 内容

传播的内容对媒介的选择有决定性的意义，形式要服从内容。比如图表不能使用电视传播，使用报纸传播就一目了然。

2. 范围

公众分布范围的大小影响传媒的选择。一般而言，全国性的事件使用全国性的新闻媒介，地方性的事件使用地方媒介；专业性的新闻使用专业媒介。

3. 持久性

在选择传播媒介时，要充分考虑公关活动的时效性。短期的公关活动适宜选用电子媒介，长期活动适宜选用印刷媒介。

4. 针对性

每一次设计公关计划时，公关人员都要明确地选择公众，针对公众的文化程度、经济状况、生活习惯来选择传播媒介。

5. 可行性

不同的媒介在社会上的影响力也不同。一般而言，党和政府主办的媒介，其威信要超过民间小报；全国性报刊要超过地方性报刊；中央电视台要超过地方电视台。所以，组织的公关信息如果在比较权威的媒体上出现，社会影响当然要比普通媒体大得多。

6. 经济性

不同的宣传媒介在费用上也是不同的，各组织的公关人员要考虑经济节省的原则，同时还要考虑经济支出的效益问题。

课堂讨论：任何媒介都各有长处，而传播的最终目的是将信息传递到消费者，在这个媒体选择纷乱的时代，试着阐述媒介的合理组合的重要性。

在选择传播媒介时，除了注意以上几个内容外，还可以利用"媒介选择或然率"

公式选择媒介。"媒介选择或然率"公式是由美国传播学者施拉姆在 20 世纪 50 年代就影响受众对大众传播节目选择的决定性因素而提出的一个公式，该公式为：

$$选择的或然率 = 报偿的保证 / 费力的程度$$

公式中"报偿的保证"指传播内容满足选择者的需要的程度，而"费力的程度"则指得到这则内容和使用传播途径的难易状况。施拉姆认为：人们选择不同的传播途径，是根据传播媒介及传播讯息等各种因素而进行的。人们往往选择一个最能够充分满足其需要的途径，而在其他条件完全相同的情况下，他们则选择能够最方便而迅速地满足其需要的途径。

例如，某个文化水平较低的受众之所以喜欢刷短视频而不喜欢读报纸，可能是因为：首先，短视频给他提供了更多的信息和乐趣；其次，阅读文字对他来说要付出更多的努力。而某个文化水平较高的受众之所以喜欢读报纸而非刷短视频，则可能是：一方面他从报纸上能获得更多的分析、解释和思考；另一方面，阅读文字对他来说不是一件难事。

再如，一位大学生要了解某场足球比赛的结果，他可以在出门购买报纸、打开收音机、打开电视机和手机浏览之间进行选择。他多半会选择手机浏览，因为这是最方便、最省力，同时也是最能保证可以迅速找到相关信息的传播渠道。

选择媒介如此，选择某个具体的媒介产品时也是如此。人们为什么偏爱某份报纸，为什么钟情于某个电视节目，都涉及这样一种考量。

人们选择不同的传播途径，是根据传播媒介及传播的讯息等因素进行的。人们选择最能充分满足需要的途径，而在其他条件完全相同的情况下，他们则选择能够最方便而迅速满足其需要的途径。人们选择信息时如此，选择使用媒介途径时也是如此。受众之所以选择这个媒介（或信息）而不选择其他的，从选择或然率公式中即可比较得出。

施拉姆的公式至今仍有较强的实用性，如电视节目内容的编排和广告的投放等方面，都可参考受众可以得到的"报偿的保证"（即满足程度），以及"费力的程度"（即内容的易得性）。满足程度越高，而费力程度越低，则或然率就越大，受众就越容易选择这种媒介或信息。

2.7 本章小结

本章重点介绍了传播中媒介的相关知识，帮助学生掌握并理解媒介的概念和本质。同时对媒介的功能、媒介的构成元素、媒介的发展过程、传播媒介的特征和传播媒介的选择进行了讲解。通过本章的学习，掌握传播媒介的概念和功能，加深对传播媒介的认识。

第3章 新媒体概述

新媒体是指当下万物皆媒的环境，简单地说：新媒体是一种环境。

新媒体涵盖了所有数字化的媒体形式。包括所有数字化的传统媒体、网络媒体、移动端媒体、数字电视和数字报纸杂志等。

新媒体是一个宽泛的概念，可以理解为利用数字技术、网络技术，通过互联网、宽带局域网、无线通信网、卫星等渠道，以及计算机、手机、数字电视机等终端，向用户提供信息和娱乐服务的传播形态。严格地说，新媒体应该称为数字化新媒体。

本章将针对新媒体的相关知识进行讲解，帮助学生了解新媒体的含义与特点，掌握新媒体的构成要素，了解新媒体的发展趋势，了解新媒体的分类并理解新媒体影响社会发展的因素。

3.1 新媒体的含义与特点

新媒体自产生之初就表现了其异于传统媒体的独有特点，其在形式上虽然与传统媒体有重大区别，但也不是完全隔离的。下面针对新媒体的含义和特点进行讲解。

3.1.1 新媒体的含义

新媒体是一个相对概念，是指相对于书信、电话、报刊、广播、电影、电视等传统媒体而言的依托数字技术、互联网络技术、移动通信技术等新技术向受众提供信息服务的新兴媒体。

广义的新媒体包括两大类：一是基于技术进步引起的媒体形态的变革，尤其是基于无线通信技术和网络技术出现的媒体形态，如数字电视、手机终端、智能手表等，如图 3-1 所示。二是随着人们生活方式的转变，以前已经存在，现在才被应用于信息传播的载体，如楼宇电视、车载电视等，如图 3-2 所示。狭义的新媒体仅指第一类，基于技术进步而产生的媒体形态。

实际上，新媒体可以被视为新技术的产物，数字化、多媒体、网络等最新技术均是新媒体出现的必备条件。新媒体诞生以后，媒介传播的形态就发生了翻天覆地的变化，诸如地铁阅读、写字楼大屏幕等，都是将传统媒体的传播内容移植到了全新的传播空间。

图 3-1　手机终端

图 3-2　车载电视

3.1.2　新媒体的特点

了解新媒体的特点，对于把握和利用新媒体的优势，提高工作效率和生活质量有重要意义。新媒体具有以下几个特点。

1. 消费时间"碎片化"

随着社会的快速发展，人们生活节奏加快，很难抽出集中的时间进行娱乐、学习与消遣。新媒体的出现正好适应了这种"碎片化"时间消费的趋势，这种适应体现在几个方面：首先，新媒体打破了地域的限制，无论你是在城市还是乡村，都可以同时获得相同的信息，可以说，信息面前"人人平等"；其次，新媒体打破了时间的限制，只要有需求，人们可以随时随地获取信息；再次，借助于客户终端的多样化，用户可以借助各种各样的新媒体实现"碎片化"的时间消费。

2. "去中心化"传播

传统的报纸、广播和电视等媒体的传播方式是"中心化"，一般都是采用"一对多"的圆锥形传播方式。而新媒体则完全"去中心化"，采用点对点、面对面的传播方式，非常有利于用户接收更加个性化的信息。同时用户还可以借助各种客户端实现各种远程交流，交流的形式更具多元化和多样化。这种智能化、网络化的信息交流与传播，进一步扩大了社会透明度和民主度，有利于现代社会文明的建设。

3. 更强的目的性与主动性

相较于传统媒体，新媒体技术的发展彻底改变了用户被动接受和传播信息的局面。随着以互联网为主的新媒体等手段的发展，用户可以通过各种形式发表自己的个性化观点。新媒体降低了信息接收和传播的门槛，对传统媒体产生了不小的冲击，传统媒体如果不想被淘汰，就只能想方设法适应这种趋势。新媒体的出现开辟了一种民主、平等的平台，因此，人们使用新媒体的目的性和主动性更强。

4. 市场细分与内容具化

新媒体对传统媒体的各个方面都进行了全面的融合，应用日益广泛。即时通信方式由文字聊天发展成为语音聊天、可视化聊天；智能手机媒体的出现，使新媒体融合所有传统媒体成为可能。

新媒体多种多样的媒介形式能够很好地供用户更替使用，同时也使网络资料得到不断的更新和扩充。新媒体将图形、文字、声音、动画和视频等融为一体，提供点对点的信息传播服务，每个人都可以使用一个私有的、可信赖的传播载体；信息传播者也可以针对不同的受众为其单独提供个性化的服务。

📌 **课堂讨论：** 新媒体的变革体现在这是一场人与人的连接对话，而非信息与人的沟通。身为新媒体人，应该多从"人"的角度去思考问题。试分析别人为什么会关注我？日常发布的内容能否引起用户的共鸣和转发？目前发表的内容能否筛选出并吸引真正的用户？

案例 **欧莱雅红胖子气垫新媒体营销**

IMS新媒体商业集团携手欧莱雅，从2020年10月20日至2020年11月10日，与共计7位抖音时尚美妆类达人加一位微博KOL（关键意见领袖，即Key Opinion Leader的简称，是营销学上的概念。）合作，以创意、测评等不同方式通过短视频的形式软性推广红胖子气垫等产品，如图3-3所示。

图3-3　抖音时尚美妆类达人和微博KOL

本次付费达人投放周期为10月20日至11月10日，共7个抖音及1个微博，较多集中在"双11"预售期及"双11"前夕，投放时间线如图3-4所示。

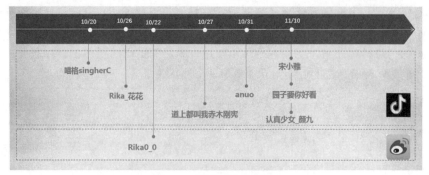

图 3-4 新媒体传播数据

3.2 新媒体构成要素

相对于旧的媒介形态，新媒介形态是不断变化和延展的。现阶段其核心是数字化信息符号传播技术的实现。一般而言，新媒体的概念包含以下要素。

1. 建立在数字技术和网络技术基础上

新媒体主要是以计算机信息处理技术为基础，以互联网、卫星网络和移动通信等作为运作平台的媒体形态，它包括使用有线与无线通道的传送方式，比如互联网、手机媒体、移动电视、电子报纸等。如果说传统媒体是工业社会的产物，那么新媒体就是信息社会的产物。

2. 以多媒体的方式呈现信息

新媒体的信息往往以声音、文字、图形、影像等复合形式呈现，具有很高的科技含量，可以进行跨媒体、跨时空的信息传播，还具有传统媒体无法比拟的互动性等特征。

3. 良好的互动性

作为区分"新""旧"媒体的重要参考因素，新媒体因其良好的交互性而备受人们推崇。新媒体时代，人们不再只是被动接收信息的受众，而是成为了能自由穿插、选择及接收信息的媒体用户，充分显示了其人性化的一面。

4. 具有全天候和全覆盖的特征

受众接收新媒体信息，大多不受时间、地点的制约，受众可以随时通过新媒体在网络覆盖到的地方接收地球上任何一个角落的信息。

5. 商业模式创新性

新媒体兼具技术平台和媒体机构的双重身份，与传统媒体相比，新媒体在技术、运营、产品、服务等领域可以充分利用高科技平台，不断丰富和创新商业模式，有助于新媒体的运营。

6. 边界不断变化，呈现出媒介融合的趋势

新媒体种类很多，包括网络媒体、有线数字媒体、无线数字媒体和无线移动媒

体等。新媒体的边界处在不断变化的过程中，很多内容相互重叠，其典型特征是在数字化基础上将各种媒介形态进行融合和创新。

新媒体与传统媒体不是截然分开的，传统媒体可以借助新的数字技术转变成新媒体，比如传统的报纸、广播、电视可以升级为数字报纸、数字广播和数字电视。

3.3　新媒体的发展趋势

新媒体是基于互联网而存在的新型媒体，我国互联网的发展已经较为普及，移动互联网以及手机的用户规模都非常大，截止 2020 年底我国互联网网民规模达到了9.89 亿人，新媒体的发展基础已经非常成熟。

纵观媒介发展的历史，每一次科技的进步首先带来的是传播方式的变革：印刷术的发明带来报纸的诞生；电子信息技术的发展以及电视的发明带来了广播和电视媒体的兴起；互联网时代的到来为网络媒体的发展提供了基础，而 5G 的来临也让新媒体获得了非常广阔的发展前景。

随着 5G 时代的到来和人工智能等技术的不断进步，新媒体商业的前景越来越广阔。短视频平台、直播平台和内容电商的崛起，让他们极有可能抢占更多的移动互联网流量，为企业营销带来无限机遇。新媒体和 5G 的结合、应用，将带动整个 5G产业链的发展，将大幅度地增加媒体的传播范围和影响力。充分利用好 5G 时代的网络能力，可以更好地汇聚新媒体产业发展的合力，创新媒体内容制作和传播方式，从而促进更大范围、更深层次的产业发展。

随着我国新媒体行业的快速发展，涌现出了越来越多的新媒体领军企业，例如IMS 天下秀就是一家成功的新媒体营销企业，其企业标志如图 3-5 所示。新媒体市场广阔，影响力日渐凸显，吸引资本大规模流入，营销价值也日益增强，与此同时，其国际化竞争也在加剧，整体相关产业向纵深挺进。

图 3-5　IMS 天下秀标志

3.3.1　"万物互联"到"万物智能"

在新的传媒时代，新媒体已经广泛地渗入到了人类的社会生活，从"互联网 +"到"+ 互联网"，从"万物互联"到"万物智能"，电商、人工智能，各类 VR（（Virtual Reality，即虚拟现实，简称 VR）、AR（Augmented Reality，即增强现实，也被称为混合现实技术）都将极大地改变人们未来的生活。

　　"互联网＋"是用互联网技术去对接、配置、迭代甚至取代传统的或者现有的一些生活或者商业模式，有机会重塑传统行业。"＋互联网"则是更多地从传统行业思考如何利用互联网技术优化现有要素，有一个有序的增效过程。我们正在从"万物互联"走向"万物智能"的时代，通过技术感知场景，使用户连接服务变得更加智能，逐渐让人机交互不为人们所意识。

　　人工智能（Artificial Intelligence，英文缩写为 AI）在未来 5 ～ 10 年会很大地改变我们的生活、经济、商业，将覆盖大数据、机器学习等很多方面，包括语音和图像处理，以及很多感官方面的一些大数据的分析和处理，如图 3-6 所示。

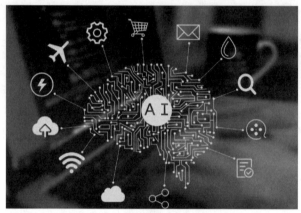

图 3-6　人工智能将改变我们的生活

　　各类机器人在社会中广泛承担着服务型角色，不断介入现实工作与生活，机器智力汇聚着各方人类的智慧，甚至有望在某些方面超越人类。人类的角色可能也会发生改变，人类进化可能会走向"人机合一"状态，一些人工机器人可能会具备自我学习与思辨能力，甚至在程序驱动下，机器会自我智能生成，人类难以驾驭。

　　从虚拟到现实，更多的黑科技在向我们走来。比如黑科技全息眼镜，如图 3-7 所示。今天它们可能是虚拟的，甚至是匪夷所思的，但是在不久的将来，这些黑科技都将变成现实，利用互联网技术的创新将很快地加速这一进程。

图 3-7　全息眼镜

国外一些 IT 业巨头，如 Facebook、谷歌、微软、索尼等，都在向虚拟现实领域拓展。著名财务咨询公司高盛估算，到 2025 年，VR、AR 的硬件、软件营收将达到 800 亿美元，如果能走向大众市场，年营收有望达到 1820 亿美元。受相关产业发展及技术接受与普及因素等影响，保守预测，到 2025 年时，VR 与 AR 产业的年营收也有 230 亿美元，特别是在新媒体相关娱乐产业，如游戏、影视、动漫、体育领域将率先提速，越早投资布局的企业，越可能有更多的发展前景，图 3-8 所示为创意 AR 全景。

图 3-8　创意 AR 全景

3.3.2　进入"大数据"时代

目前，新媒体已经广泛地渗入到了人们的社会生活之中，大数据、移动互联网和社交媒体逐渐成为新媒体发展的主要动向，逐渐形成了相关联的新媒体产业。该产业基于互联网、电信网等数字化网络，通过实时、互动、点对点的自由传播模式，形成了借助规模化内容产品的生产、传播为主业的各类经营实体，以及相关价值链集群体，产业前景巨大。

越来越多的企业、个人资料、生产资料在管理、查询、交易、计算上的能力用在"云"上面，这能有效降低企业在 IT 资源的投入，让企业更专注于主业和核心竞争力。这是中国和全球的趋势，特别适合创新型的中小企业。

"微软"把公有"云"引进中国，通过本地的合作伙伴来运营和交互。在短短不到两年的时间里，已经在 Azure 公有"云"上创造了超过 50 000 家企业用户，以及 35 000 家在"Office 365"的用户。这是一个很大的转型，并助力中国的创新型企业走向国际化。图 3-9 所示为 Azure 公有"云"网站首页。

与此同时，在大数据时代，云计算也成为社会经济发展的基础设施之一。目前，我国政府成为云计算最积极的实践者之一，云计算在推动电子政务、政府公共服务、智慧化应用、传统工业、金融业、服务业的转型升级，以及催生创新创业企业发展方面均成为关键因素。

图 3-9 Azure 公有"云"网站首页

案例 "第一财经"数据导入阿里系移动端

阿里巴巴集团与上海文广集团（SMG）宣布，双方将充分发挥各自在传媒与大数据领域的资源优势，共同将 SMG 旗下的第一财经传媒有限公司（以下简称"第一财经"），打造成具有全球影响力的新型数字化财经媒体与信息服务集团。阿里巴巴将投资 12 亿元参股第一财经，与第一财经共同开拓市场潜力巨大的数据服务领域。

第一财经拥有第一财经电视、《第一财经日报》《第一财经周刊》、第一财经广播、一财网等媒体，是 SMG 旗下专业化的财经媒体集群。阿里昨天宣布 12 亿元参股第一财经，此外有消息称此次阿里将获得第一财经 30% 的股份，不过双方对该持股比例未予回应。作为双方合作的第一步，第一财经新媒体科技有限公司已经成立，投资研发资讯产品体系建设，使财经数据移动终端研发、互联网金融智库组建等各项业务都在积极推进之中。

除此之外，双方在多个领域已经开展了实质性合作，第一财经的商业财经数据将全面导入支付宝、手机淘宝等阿里系移动端产品中。其中包括：基于拥有数亿用户的支付宝，第一财经已成为其股票行情系统的资讯服务商，第一财经财富管理资讯很快也将登录手机淘宝；立足于数据的 DT 财经移动终端正在全力研发中；通过对阿里巴巴部分电商大数据的整合挖掘，双方联合发布了国内第一份《中国消费大数据报告》；成立了汇聚行业精英和专家的互联网金融智库。

未来，一定程度上承担我国新媒体发展方向的阿里巴巴，进军全球化将是最重要的方向，也是阿里巴巴新消费者的开发地。当然，这个战略目标要实现，阿里巴巴同样也面临着挑战与困难。例如，要实现支付全球化体系，支付宝必须要支持多币种同时交易；要克服物流全球化的困难等。

3.3.3　移动互联持续创新

我国已经成为全球最大的移动终端市场，每年 11 月 11 日这天惊人的成交额中，有 68% 来自移动端交易。移动端是被人看好的领域，尤其是当它将移动互联的技术用于交易。

人们可以随时、随地并且自主地选择各类媒体。传统媒体（报刊、广播、电视、书籍等）也开始与移动互联融合，形成各类融合媒体，改变着人们的视听和阅读体验。移动互联的基本特征是数字化，最大优势就是便于携带，具备交互性功能强大、信息获取量大且快速、即时传播、更新快捷等基因。

以移动广播为例，搭上移动互联网的广播，使多向互动成为现实：受众可以在线收听，也可以回放节目，并随时、随地通过微博、微信等方式，即时参与节目。与传统广播节目相异，移动互联广播倾向于个性化、自主化的节目。图 3-10 所示为广播数字化直播间。

图 3-10　广播数字化直播间

电视观众与传播机构的互动也因移动互联而更加灵活。电视用户在观看节目的同时，依然可以随时、随地通过文字、图片、声音和图像等方式，与电视传播机构进行互动、相互交流。而且随着各种美图、摄像技术的发展，移动互联网用户本身凭借平台的拍照、摄像功能，从原先传统媒体的受众，转变成了新媒体信息的提供者，全民参与的新媒体形式不断诞生。

视频移动客户端用户接受影响因素时需着重"内容体验"，增加"娱乐性"，降低"风险性"，提升"易用性"。

3.3.4　"分享竞技"的崛起

移动无线彻底解脱了人类，也成为未来媒体发展的必然趋势。借助移动终端，社会化媒体不仅能融入主流社会，而且还可以与搜索引擎、门户网站和电子商务相匹敌，并基于社会化媒体平台不断延伸出第三方应用，蝴蝶化效应地引发各类崭新的社会化的商业变革。

社会化媒体的商业策略与传统媒体不同，主要采用免费、搜索、移动互联、网络综艺、平台策略、认知盈余、权力终结和社交红利等方式。

社会化媒体一方面成为人们进行有效交往的社交工具，改变人们的社交成本，一方面也逐步被政府、企业组织广泛应用，提高工作效率，并吸引应用开发商转移到社会化媒体的传播平台，研发各类用户所需的个性化服务，逐步带动更多的投资汇聚到社会化媒体领域，使其成为新的产业增长点。

更多用户借助社会化媒体平台，分享自己闲置的资源，促成消费的"分享经济"模式不断涌现在教育、医疗、广告创意、培训、家政服务、租赁、二手交易等领域。在颠覆人们传统消费观念的同时，又改造着传统社会各个领域，如交通出行、短租住宿、旅游等。

未来，用户自主传播的媒体创意效应将以更多的"分享经济"形式崛起，向更多领域拓展，如餐饮外卖、家庭美食分享等，一些闲置的厨房资源也将被盘活；建立在廉价劳动力基础上的中国发达的快递物流领域，也将出现人人快递物流的众包模式。用户自主传播的媒体创意效应因各类媒介技术的应用越发彰显其魅力。

课堂讨论： 新媒体行业已经成为目前最热门的行业，试讨论新媒体行业有哪些职位，并阐述不同职位的职责和工作内容。

3.4 新媒体的分类

新媒体依托互联网发展壮大，走在了信息传播的最前沿。随着互联网技术的日益进步，新媒体的表现形态也不断随之革新，主要有网络媒体、手机媒体和数字电视媒体三类。

3.4.1 网络媒体

网络媒体和传统的报纸、杂志、广播和电视等媒体一样，都是传播信息的渠道，是交流、传播信息的工具，是信息载体。网络媒体主要是指建立在网络基础上的新媒体形式，主要包括搜索引擎、各类网站、网络报纸、网络图书、博客、播客等。图3-11所示为新浪微博的用户首页面。

互联网起始于1969年，是一种小范围的、局部群体之间联系的媒介手段。随着互联网技术的日益发展，如今的互联网已经发展成为一个广义的、公开的资源共享平台。互联网被列为继报纸、杂志、广播、电视之后出现的"第五媒体"。

相比其他媒体，网络媒体具有以下八个优势。

1. 传播范围广

传统媒体无论是电视、报刊、广播还是灯箱海报，都不能跨越地区限制，只能对某一特定地区产生影响。但任何信息一旦进入互联网，分布在近200个国家的近

46 亿用户都可以在他们的设备上看到。从这个意义上讲，互联网是最具有全球影响的高科技媒体。

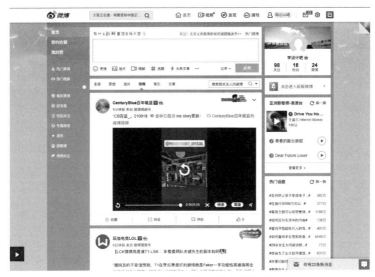

图 3-11　新浪微博的用户首页面

2. 回溯性强

报纸广告和电台、电视台的广告一样，保留时间都比较短。而在互联网上发布的信息一般可以保留很久。一旦信息进入互联网，这些信息就可以一天 24 小时、一年 365 天不间断地展现在网上，以供人们随时随地查询。

3. 数据庞大

网络数据包括影像、动画、声音、文字，涉及政府、企业、教育等各行各业，可以借助其写文章、搞研究、查资料、找客户、建市场，产生庞大的信息流、物流……

4. 开放性强

传统媒体是由媒体从业者、精英参与、控制的平台，而网络媒体是一个完全开放的平台，是受众可以广泛参与的平台。新媒体更是做到了人人都是电视台，人人都是麦克风。

5. 操作简单

仅使用鼠标或手指点点，浏览、搜索、查询、记录、下单、购物、聊天、谈判、交易、娱乐、报关、报税等，都能轻松实现，跟发传真、打电话一样简单。

6. 互动性强

互动性是网络媒体的最大优势，它不同于电视、电台的信息单向传播，而是信息互动传播，用户可以获取他们认为有用的信息，厂商也可以随时得到宝贵的用户反馈信息。用户以往对于传统媒体广告，大多是被动接受，不易产生效果。但在互联网上，大多数来访问网上站点的人都是怀有兴趣和目的来查询的，成交的可能性极高。

7. 低成本、效率高

电台、电视台的广告费用动辄成千上万，报刊广告的广告费也不菲，超出多数人的承受能力。互联网由于节省了报刊广告的印刷费用和电台、电视台广告昂贵的制作费用，成本大大降低，使大部分人都可以承受。网上访问，去北京跟去伦敦，没有区别。

8. 感官性强

文字、图片、声音、动画等音频和视频多媒体手段使消费者能亲身体验产品、服务与品牌魅力。这种以图、文、声、像的形式传送大量诉诸感官的信息，让顾客如身临其境般感受商品或服务，并能在网上预订、交易与结算这种商品或服务，大大增强了网络广告的实效。

3.4.2 手机媒体

手机被誉为继报纸、杂志、广播、电视和网络之后出现的"第六媒体"。手机媒体是在互联网技术和移动通讯技术融合的基础之上发展起来的。手机新媒体是将手机作为信息接收终端的新媒体形式，包括短信、彩信、手机报纸、手机电视等多种形态，如图 3-12 所示。

图 3-12　手机新媒体的多种形态

随着 5G 技术的发展，手机作为媒体终端可以满足信息的快速传播，手机上网已经成为互联网应用的一个重要的发展方向。手机媒体可以看作是网络媒体的延伸，加快了网络的大众化。

"手机媒体"的基本特征是数字化，最大的优势是使用方便和便于携带。"手机媒体"是"网络媒体"的自然延伸，其不仅具有"网络媒体"的互动性强、信息获取快、传播快、更新快、跨地域传播等特点，还具有高度的移动性与便携性，信息传播的即时性、互动性，用户资源极其丰富，多媒体传播，私密性、整合性、同步和异步传播有机统一，传播者和受众高度融合等优势。

从传播的角度来说，"手机媒体"拥有的独特优势有：一是高度的便携性，能跨越地域和计算机终端的限制，拥有声音和震动的提示，几乎做到了与新闻同步，接收方式由静态向动态演变；二是用户自主地位得到提高，可以自主选择和发布信息，信息的即时互动或暂时延迟得以自主实现，使人际传播与大众传播完美结合。

3.4.3　数字电视媒体

"数字电视"指的是通过数字技术录制、传播、接收节目的新媒体形式，主要有数字电视、移动电视等。图 3-13 所示为数字电视广告传播。

图 3-13　数字电视广告传播

与传统的电视媒体相比，数字电视传播的是更高品质的电视信号，观众可以主动点播感兴趣的电视节目。数字电视增加了电视节目的传送量，集信息传播、文化娱乐、交流互动于一体。移动电视是在数字技术的基础上发展起来的，通过无线数字信号接收电视节目。移动电视最大的特点在于它的可移动性，观众可以在移动的状态下收看清晰稳定的电视节目，如图 3-14 所示。

图 3-14　移动电视

课堂讨论：掌握了新媒体的概念与分类后，让学生试着描述社会化媒体、新媒体和自媒体三者的区别和联系，并举例说明。

3.5 新媒体对社会传播的影响

新媒体的出现对社会传播最大的影响即去中心化，人人都可以是麦克风，使信息来源和信息传播途径相比传统媒体都有了颠覆性的变化。其对社会传播的影响具体表现在信息多、反应快、质量高、成本低、互动性强和个人品牌崛起等六个方面。

1. 信息多

从媒体的发展历史可以看出，最早的传统媒体只有寥寥几家，流量几乎全部控制在几家龙头媒体手中。而现在的新媒体可以说是遍地开花，信息量也随之暴增，让受众感受到了信息时代的便捷性。

2. 反应快

过去如果我们想要了解事件的新闻，可能只能通过事件过后的第二天的报纸或者电台、电视广播之类的媒介获取，大大降低了传播的效率，影响了传播的效果。今天，通过新媒体媒介，刚刚发生的事情，马上就可以在网上发布出来，我们可以在第一时间了解事情的来龙去脉，速度之快是传统媒体无法比拟的。

3. 质量高

过去的媒体跟普通人关系不大，现如今的媒体可以与每个人产生联系，个人可以借助新媒体实现学习和社交活动，甚至可以通过建立个人 IP 创造经济效益。企业也可以通过新媒体宣传、推广和发展业务。新媒体带给人们的好处太多了，方便的同时还可以创造更多的机会。

4. 成本低

现在很多的新媒体内容可以快速传播，简明扼要，一看就懂。比如微博、抖音上的内容，短短十几秒钟就可以说清楚一件事情，适合人们的碎片化时间的需求，大大降低了获取信息的时间成本。无论是手机、计算机、数字电视，都可以让我们不需要大费周折就可以了解想了解的内容，降低了获取信息的渠道成本。从传统媒体获取资讯是需要支付费用的，一些专业的内容还非常昂贵，出现了很多赚信息差价的商人。今天，新媒体带来了更多、更全、更专业的信息，而且这些信息大部分都是免费的，很好地降低了获取信息的经济成本。

5. 互动性强

新媒体的传播方式，让用户从信息的消费者变成了信息的生产者。用户不仅仅可以通过点赞、评论等方式进行互动，还可以通过打卡、测评、合拍（抖音平台上的一种与原视频主的互动方式）等进行二次传播，让其传播更具有互动性和"病毒"性。

6. 个人品牌崛起

新媒体的快速发展和广泛普及，让每个人都可以变成一个"发声"的平台。由此衍生出具有行业影响力的个人品牌，也就是 KOL。其背后产生的原因一方面是新媒体让用户从单向的信息接收者变成了双向的信息生产者，另一个原因是用户接收信息方式的改变，让其更加信任"行业意见领袖"而不是单纯信任某一机构或者企业。

案例　母婴护理品牌"红色小象"新媒体传播案例

从 2019 年 9 月开始，母婴护理品牌"红色小象"在微博和小红书上同时发起营销推广活动。

品牌选择与热依扎、鲍蕾、王鹤润、叶一茜等几位好妈妈形象的明星合作，分不同时间，以文字、图片、视频的方式持续将产品展示在微博上，图 3-15 所示为鲍蕾微博的页面。

图 3-15　鲍蕾微博的页面

微博发布不久，就获得了极高的阅读量、点赞数、评论数和转发量，如图 3-16 所示。

【热依扎微博粉条】					
日期	微博文案	阅读数	转发	评论	点赞
2019/11/1	Babyelephant纯素主义护肤理念，敬畏肌的护肤敬畏量，匠心萃取十种天然植物精华，给肌肤一杯爱喝的"花果汁"！我是#Babyelephant品牌大使热依扎，今后我将和@红色小象Babyelephant一起唤醒发光少女肌～	2254416	509	1022	10477

【鲍蕾微博粉条】					
日期	微博文案	阅读数	转发	评论	点赞
2019/9/9	换季期间，给贝儿和小叶子熬制冰糖雪梨清热润肺，再用上@红色小象Babyelephant 南极冰藻霜保湿补水，宝贝们平安入秋，我很放心。	2255566	4078	3109	12798

【王鹤润微博粉条】					
日期	微博文案	阅读数	转发	评论	点赞
2019/9/5	秋天到天气越来越干燥，补水滋润也要升级了。我每天工作时要上妆卸妆，皮肤更需要一款深度补水的面霜了。@红色小象Babyelephant 南极冰藻霜，萃取极地活性植萃，舒缓保湿，持续为肌肤解渴，保护天然皮脂膜，强韧皮肤防护力，一百分的满足皮肤深度滋养补水的需求！	207618	707	328	673

【叶一茜微博】					
日期	微博文案	阅读数	转发	评论	点赞
2019/11/1	红色小象南极冰藻霜荣登#天猫v榜#，感谢红色小象在换季时对小亮仔的陪伴,再也不用担心出门晒成红彤彤的小苹果@天猫v榜 双11火爆进行中，即刻付定金享爆款买1送1http://t.cn/RqjxSyO	987000	930	1466	5397

图 3-16　新媒体传播数据

为了覆盖更多的目标用户，在同一时刻，品牌方在小红书上与董璇合作，投放产品"好物推荐"的短视频，如图3-17所示。品牌方借助这波营销，快速地在目标用户群中树立了品牌形象，站稳了脚跟。

图 3-17　董璇小红书

3.6　新媒体与社会发展

随着科学技术的发展，日益增多的先进技术使媒介社会化及社会媒介化的进程不断加快，媒体对社会的影响日益增加。人们思维模式和参与心理的变化也给社会的思想观念及其表达方式带来了非常大的变化。近年来，新媒体产业发展迅速，网络新媒体、数字新媒体、移动新媒体、娱乐新媒体已形成初具规模的产业。新媒体技术和形式的创新，逐步影响着社会生活。

新媒体的出现与发展，不仅具有大众传播和人际传播的优势，同时也消除了大众媒体和人际传播媒介的不足。新媒体对社会的影响主要体现在以下几个方面。

1. 新媒体成为民众反映利益诉求、参政议政的重要平台

我国正处于社会转型期，社会人群不断多元化，各类人群有着不同的利益诉求。由于有了网络和新媒体，社会上发生的各种事情都被上传到网络上，普通民众可以跨越层层环节，直接把真实、完整的信息传递给上层领导。各级党委、政府的领导干部，都能通过新媒体全面了解到社会上发生的各种事情的真实情况，了解真实的民意，使政府在政策制定中更好地兼顾各个阶层的利益，平衡各方的利益，能够保障民权，密切党群和干群关系，促进和谐社会的建设。

2. 新媒体成为社会信息传播、危险预警的主要阵地

与传统的新闻媒介相比，新媒体传递信息的即时性、全面性和互动性，为政策宣传、社会动员以及社会危险预警提供了更加快速便捷的条件，特别是一些特殊群体和敌对分子的活动信息，只要加强信息跟踪与动态监控，往往可以提前发现潜在的社会危险与不安定因素，做到防患于未然。

3. 新媒体成为加强舆论监督、推进行政体制改革的生力军

新媒体时代的到来，扩大了人民群众的知情权、参与权、选择权和监督权，加强了社会对公权力的监督力度，提高了政府的责任意识、服务意识和民主意识。

4. 新媒体成为促进社会管理民主化的重要媒介

现代社会是一个崇尚民主、注重个性的社会，新媒体特有的开放性、自由性、廉价性和匿名性，彻底打破了传统媒体对信息传播的垄断，为民意表达提供了崭新的平台，因而成为了社情民意表达中最活跃、最具影响力的媒体。任何人都可以通过新媒体发布信息、发表言论，促进了社会管理的民主化。

5. 新媒体成为反腐倡廉的重要渠道

公民借助于网络，通过新媒体参与反腐，是对制度性反腐的重要补充。让人民监督政府，政府才不敢松懈。

当前，新媒体已经渗透到我们生活、工作的每个角落，形成了"人人是记者，处处有媒体"的新媒体时代。新媒体的覆盖、影响范围已经超越了任何传统媒体。新媒体正在挑战传统媒体，深刻改变着人们的工作和生活方式。

新媒体的迅速发展，给社会带来了积极的影响，同时也带来了一些负面影响。我们要积极正确地运用新媒体，尽我们最大的努力去发展新媒体的积极作用，控制约束新媒体给社会带来的负面影响。

3.7　本章小结

本章主要讲解了新媒体的相关概念，帮助学生了解新媒体的独特性。分别讲解了新媒体的含义和特点、新媒体的构成要素、新媒体的发展趋势、新媒体的分类和新媒体与社会发展等内容。

第4章 新媒体传播

伴随着信息社会的不断发展，新兴媒体的影响越来越大，以数字技术为主体的新媒体正日益渗透并变革着人们社会生活的方方面面。媒体的新形态、新服务层出不穷，新媒体传播对社会生活产生着巨大的影响。传统的传播学理论在移动互联网、大数据时代受到挑战与冲击，有的理论已经不适用于现在的社会背景，有的理论得到强化与拓展，有的理论需要向新的领域探索。

本章针对新媒体传播的相关知识进行讲解，帮助学生快速掌握新媒体传播的概念、特点与优势。掌握新媒体传播中的主体变化、新媒体内容传播的类型和法则以及新媒体传播的方式，了解新媒体传播的趋势和媒介融合的相关知识。

4.1 新媒体传播的特点

新媒体传播是一种数字化传播。它将一定的信息转化成数字，经过转播，数字在操作平台上还原为一定的信息。你如果想在新媒体上做爆款，理所当然要去研究在这个环境下，信息如何被传播。较之于传统媒体，新媒体传播具有以下几个特点，如图 4-1 所示。

图 4-1 新媒体传播的特点

1. 双向传播

传统媒体的传播方式是单向、线性、不可选择的。它集中表现为在特定的时间内由信息发布者向受众传播信息，受众被动接受，没有信息的反馈。这种静态的传播方式使得信息不具有流动性。而新媒体的传播方式是双向的，传统的发布者和受众现在都成为了信息的发布者，而且可以随时进行互动。

2. 更个性化

播客、微信、短视频等新的传播方式使每一个人都成为了信息的发布者，能够个性地表达自己的观点，传播自己关注的信息。而且还能自己决定传播的内容以及采用哪种传播形式。个性化的传播方式一方面让人们体会着发布信息影响他人的"快"，另一方面也带来了个人隐私不断曝光，内容良莠不齐的弊端，为管理带来了困难，也为受众的信息选择能力提出了更高的要求。

3. 移动接收

无线移动技术的发展使新媒体具备了移动性的特点，用手机上网、看电视、听广播，在公交车、出租车上看电视等行为越来越成为普遍的事情。随着 5G 技术的不断完善，移动性的特点已成为新媒体的主要特性。

4. 传播实时化

技术的发展使新媒体可以实现实时传播，尤其是网络直播的发展，使网红成为新媒体传播的新生力量，直播不再需要复杂的剪辑和烦琐的后期制作与排版，技术的简单便捷使信息可以在全球实现实时传播，这一优势是任何传统媒体无法比拟的。

5. 交融性

与传统媒体相比，新媒体在传播内容方面更为丰富，文字、图像、声音、视频等多媒体化成为一种趋势，如图 4-2 所示。与此同时，交融性还表现在终端方面，一部手机不仅仅可以用来通话、发短信，同时还可以用来听广播、看电视和上网，将多种媒体的功能集于一身。而这些功能的实现是以互联网、通信网、广播电视网等多种网络的融合为基础的。

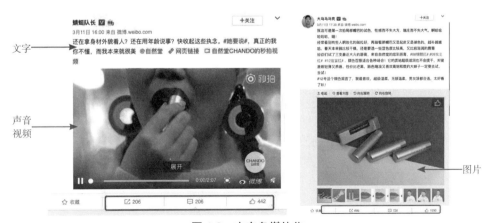

图 4-2　内容多媒体化

另外，新媒体传播方式也打破了地域化和国界化，消解了国家与国家之间、社群之间、产业之间的边界，消解了信息发送者与接收者之间的边界。

课堂讨论：试着从传播机制、传播链条和传播身份等角度讨论新媒体传播与传统媒体传播在传播手段上的区别。

4.2 新媒体传播的优势

新媒体时代的到来意味着大众麦克风时代的到来，每个人都能够成为传播信息的渠道，都可能成为意见表达的主体，使各阶层实现了网上平等对话。同时，在新媒体时代，媒介所呈现出的多样性和多层次结构，形成了舆论及流通渠道的多层次、多元化。相对于传统媒体传播，新媒体传播具有以下优势。

1. 新媒体颠覆了信息传播的垄断权

新媒体传播中由于"把关人"职能的相对弱化乃至缺失，使传播者和接受者在一定意义上处在了相对平等的位置。以"自主媒体""草根媒体"形式出现的新媒体，拥有许多传统媒体所不具备的传播时的选择自由和发表时的虚拟自由。受众有较大的选择权和自主权，并可分享信息控制权，打破了传统新闻业的新闻垄断，突破了传统新闻场域的信息垄断和资讯控制。

2. 新媒体颠覆了社会监督的垄断权

以往公众把监督政府及社会的任务交给了新闻媒体，但是新闻传播往往受制于政治和经济环境，因此，这种监督是一种弱化的软约束。进入新媒体传播阶段后，掀起了"全民监督"的风气。新媒体将"信息平台"和"意见市场"融为一体，构建出了一种新的公共的社会功能。

3. 新媒体颠覆了信息的生产权

传统媒体传播的信息都是垂直的线性模式，是规模生产的。受众接收的信息同质化严重。而新媒体传播的信息是通过立体网络模式流通于受众之间的，网络是个人化的平台，每个人都有机会制作、分享新内容，具有自己的原创性和独创性，公民记者得以诞生，信息变成无限生产。

案例　**自然堂炫彩唇膏38神广告传播**

自然堂推出"她要说"新媒体推广活动，支持女性坚守自我。这一系列鼓励并肯定女性价值的视频，不断提醒女性"你本来就很美"。聚焦系列视频，精准洞察女性的现状，展开圈层对话，运用社交平台，形成社会话题扩散，建立消费者对自然堂"你本来就很美"的女性态度认知，以及种草产品。

本次活动选择微信、微博、抖音和小红书渠道，围绕"她要说"对"三八节"广告系列视频进行传播，以不同媒介配合，实现线上多渠道、多媒体曝光。打造全方位视听视角，扩大传播产品信息，进行口碑种草，促进客户购买。不同渠道的推广方法如表4-1所示。

表4-1　不同渠道的推广方法

渠　道	推　广　方　法
微信	选取种草评测、营销总结等类别的KOL资源，围绕传播主题和产品种草，加深消费者的认知度
微博	生活、段子手、时尚美妆等类别的KOL资源，围绕"她要说"品牌传播活动主题，对系列视频进行扩大传播
抖音	围绕产品的特点，时尚美妆博主种草设计和拍摄视频，传播扩散，扩大产品知名度
小红书	运用时尚美妆类KOL建立口碑，进行种草，推动购买

从成分分析、功效口碑、试色测评等角度结合达人的生活场景进行创意视频拍摄，对自然堂炫彩唇膏进行种草评测，分析使用感受，促使粉丝产生购买欲望。

抖音端

"小宇小宇小Yola""软软大测评""川大发"三位达人进行原创种草，传播效果均超关键绩效指标（KPI），如图4-3所示。

图4-3　抖音端传播

种草文章原创角度：从当代女性的地位提升很高，但依然有些固有偏见挥之不去这一社会现象引出自然堂系列视频，对视频进行分析，解析女性心理，传递自信、美丽、无惧的理念，并对自然堂炫彩唇膏进行种草评测，鼓励消费者用唇色展现生活多彩的一面；

营销总结原创角度：分析总结自然堂"她要说"这一传播主题，解析自然堂的品牌理念，结合互动数据和传播效果来加深消费者印象，进行总结拔高。

微信端

时尚类"妖精边儿""刘小葵"进行种草评测，阅读量均达10万多人次，营销总结类KOL品牌头版、创意广告进行案例包装，如图4-4所示。

图 4-4　微信端传播

种草文章原创角度：小红书达人针对自然堂炫彩唇膏的相关卖点进行种草评测，从试用场景、时尚搭配等角度进行案例和原创图片拍摄。

小红书端

"芥末色的喵""常靖悦 Anny""Millypang"等 10 位达人进行原创种草，传播效果均超 KPI，如图 4-5 所示。

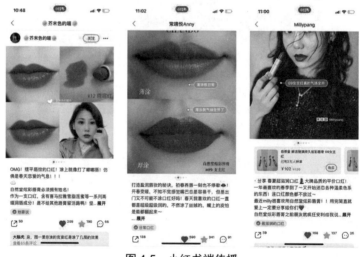

图 4-5　小红书端传播

微博端

"城南邮局""休闲璐""fefe 喆妈"等数十位博主对视频进行传播，并进行种草评价，传播效果均超 KPI，如图 4-6 所示。

图 4-6 微博端传播

项目结束后，自然堂官微粉丝为 2489865 人，新增粉丝 30000 多人。"她要说"话题总讨论量为 20.9 万次，阅读量为 2.2 亿次。"她要说"系列视频播放量达 6089.8 万次，远超 KPI6000 万次，KPI 完成率为 101.5%。达到了预期的传播效果。

复盘总结

本活动采用点面传播，多维度结合，微信＋微博＋抖音＋小红书，覆盖多角度 KOL 对自然堂 38 节系列视频和产品进行传播；资源类型覆盖多样化，时尚、视频、生活、段子手、情感、营销等多角度对此次项目进行传播，覆盖人群广；品牌未来可以继续推进不同平台之间的合作，产生更多优质内容，以消费者习惯的模式进行品牌互动；资源上可以适当提高微信和抖音占比，以及原创占比，更好地和粉丝互动，扩大传播范围。

4.3 新媒体传播主体的变化

互联网时代，万物皆媒。新媒体传播过程中，人人都可以充当信息发布者，人人都可以接收信息。这打破了只有新闻机构才能发布新闻的局限，充分满足了信息消费者的细分需求。与传统媒体的"主导受众型"不同，新媒体受众有更大的选择性，可以发布新闻，可以自由阅读，可以放大信息，传播的主体与客体表现为泛化而分散，人人皆可为主体。

4.3.1 去中心化

在传统媒体时代，媒体都是有"中心"的。比如在平面媒体时代，媒体的"中心"就是全国性的媒体和各地方都市报。虽然这些媒体看起来很多，但实际上每个领域，只有几份知名的报纸。再比如在电视领域，过去 CCTV 和各大省级卫视基本都处在"媒体中心"的位置。互联网兴起之后，媒体还是有中心的，原来是三大门户——新浪、网易、搜狐；后来逐渐演变成加上凤凰、腾讯的五大门户，图 4-7 所示为五大门户网站的 Logo；再加上政府的五大门户——新华网、人民网、中国共青团网、中建网和中国新闻网，一共是十个网站。用户基本上都是通过浏览门户网站获取最新的资讯，也就是说，那个时候获取信息是有"中心"的。

图 4-7　五大门户网站的 Logo

在这个"人人皆媒体"的移动互联网时代，传播介质发生了变化，内容变得更重要，而平台和媒介资源变得不那么重要。而人的本性，实际上是没有变化的，好奇之心、八卦之心是不变的。所以，如何做好传播，还是要基于人性的一面加以研究。

4.3.2　产品性媒体出现

"人人皆媒体"即每个人都是媒体，大家既可以是议题的制造者，内容的原创者，也可以是议题的转发者，扩散者，同样也是议题的改变者，如评论。还可以是议题的终结者。

所以，个人属性的自媒体就出现了，每个人都有发声的途径，如微博、微信公众号、头条号等。还出现了产品性的自媒体，企业能够把产品本身做好、做得特别、有个性，它本身就具有媒介的传播属性，比如某饮料品牌推出的台词瓶，打上"你能赢""咱们结婚吧""下辈子还做兄弟"等标签，如图 4-8 所示。大家会将其拍照发到朋友圈或微博。这时的可乐瓶既是内容的载体，也是媒体本身。

图 4-8　台词瓶

随着技术的创新，二维码出现了。一维码可承载的信息十分有限，而二维码可承载的信息原则上有 2000 字节。不需要上网，这是二维码的一个特征。还有万维码，一个万维码相当于一张光盘，可以承载一部电影，且无需下载。技术的发展为产品及媒体提供了很大的扩展性。王老吉一年卖出几十亿罐，可以给其他品牌打广告，比如仙剑奇缘；而仙剑奇缘产品里的道具等东西，也可以植入王老吉。这时，双方就有互推的作用，产品本身就变成了媒体，如图 4-9 所示。

图 4-9　王老吉给仙剑奇缘打广告

现在经济收入提升，生产水平发达，精致化技术的实现越来越容易，产品实现了差异化和个性化，种类变得丰富多样，小众传播也变成可能。在传统媒体传播阶段，开发一个小众、个性化的产品，很难有传播的机会。因为媒体宣传费用不菲，个人也没办法传播。现在不一样，可以利用人脉进行传播。比如有人认识 5000 人，找到 100 个这样的人，宣传就可以覆盖 50 万人。通过这种方式，一个小品牌就能获得成功。

4.3.3　服务性媒体出现

服务也可以变成媒介传播的内容，每个客户都可以是媒体。在传统媒体传播阶段也是如此，但在新媒体传播阶段尤为明显。比如某电器品牌的服务好，其销售员到客户家会先脱鞋、使用鞋套、离开的时候会清扫干净，把鞋套取下来。传统媒体传播阶段需要通过报纸等媒体报道宣传这样的服务。而现在只要服务好、客户满意，那么在"人人新媒体"的时代，客户会自己创造内容，发布在微信、微博上。通过这种方式，服务就会变成媒介传播的内容，赢得消费者的认可。

商家为客户免费提供一项服务，在商家完成销售的同时，客户可能还会把这种服务传播出去。

4.3.4 终端型媒体出现

在传统媒体时代，传播的方式很清楚。但像一些连锁店打广告则相对较少，如物美超市等，因为其本身就是媒介的载体。在新媒体时代，一些综合性的电子商务平台和垂直类的电子商务平台都是媒介的载体。图 4-10 所示为垂直类电子商务平台的页面，产品图片和文字本身就是媒介载体，消费者看到之后会产生购买冲动，它就是最好的广告。

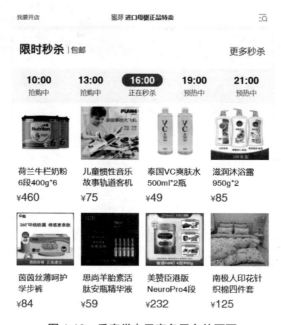

图 4-10　垂直类电子商务平台的页面

在移动互联网时代，通过技术的革新，媒体的范围变得更广。传播媒体的多元化也带来了传播者主体地位的弱化与泛化，传播者与受众之间的关系变得模糊，且二者之间可以随时发生可逆的转化：受众接收到传播者的信息后可以利用新媒体的功能立即对消息进行转发，进而转化为新的传播者；原来的传播者通过类似的形式接收到其他传播者转发而来的信息，进而转化为新的受众。这种模式循环发生，新媒体中的传播和接受关系因而改变，其中角色的转化与融合是新媒体传播发生的关键。

4.4　新媒体内容传播的类型

新媒体区别于传统媒体的最重要的特征是传播方式的根本改变：由单向变为双向，由一点对多点变为多点对多点，实现了前所未有的互动性。这些改变不仅体现在信息传播方式上，还影响着信息传播的内容上。

新媒体传播主要有信息流和意见流两种类型的内容在传播。在这里，信息是指那些由各种组织或个人发布的纯新闻或信息；意见是指由信息所直接激发的主观认识与观点。

4.4.1 信息流

信息流有广义和狭义两种。广义的信息流是指在空间和时间上向同一方向运动的一组信息，它们有共同的信息源和信息的接收者，即由一个信息源向另一个单位传递的全部信息的集合。狭义的信息流是指信息的传递运动，这种传递运动是在现代信息技术研究、发展、应用中，信息按照一定要求通过一定渠道进行传递。

随着社会的信息化和信息大量涌现，以及人们对信息要求的激增，信息流形成了错综复杂、瞬息万变的形态。这在新媒体传播方式下，信息流具有内容碎片化、微内容和内容控制等特点。

1. 内容碎片化

超文本使得新媒体传播的内容不再完整，而是趋向碎片化、非线性化，这种非线性的信息结构，极大地方便了受众获取信息的过程，节省了大量的时间。信息的日趋短小也是传播内容碎片化的一个表现。当然，内容的碎片化传播也会让思维浅表化，这也是新媒体内容碎片化传播的一个弊端。

2. 微内容

微内容是指在网络上至少拥有一个唯一编号或地址的元数据和数据的有限的汇集。Web 2.0 的信息传播是以微内容为基础，通过聚合、管理、分享和迁移这些微内容，以进一步组合成各种个性化的丰富应用。微内容是由个人用户生产的，小规模、低成本或无成本制作的网络媒体内容。在传播学中，微内容与"巨内容"相对应，"巨内容"指的是大制作、重要内容等。

博客出现之后，微内容当然有了更多丰富的含义。现在人们通常谈论的微内容，会比早期定义更"大"一些。

新媒体传播格局下，先进的传播技术带给受众一个新的媒介环境，这种环境的标志是大量"微内容"的存在和兴起。在互联网时代之前，微内容就存在，但那时只是作为私内容而存在。私内容是指隶属于个人空间的信息内容，没有向大众传播的目的，也不具备传播的条件和渠道。让这些私内容真正进入公共话语空间的是互联网所具有的互联互通、海量存储和相关链接等功能，加之谷歌、百科等有效的搜索聚合工具，一下子把这种原本微不足道的离散的价值聚拢起来，形成一种强大的话语力量和丰富的价值表达。

3. 内容控制

此处的内容控制指的是传播信息的"把关人"，是从法律、法规层面对内容的管理，从宏观体制角度讨论网络控制，网络自律等。

网络内容的来源千头万绪，因此传统的控制研究就不再能满足新媒体传播的需要，新媒体内容控制需要相对全面考察不同的传播关系。传统大众媒体内容控制的三个重要方面——内容流向、时间范围和空间范围，在新媒体传播中都受到了极大的挑战。传统媒体与新媒体在内容研究方面的区别如表 4-2 所示。

表 4-2　传统媒体与新媒体在内容研究方面的区别

内容研究的方面	传 统 媒 体	新 　 媒 　 体
内容流向	内容由传统媒体以单一的方向流向受众，极少得到反馈	参与传播的任何组织和个人都可以互相传送信息
时间范围	时效性强	新闻、旧闻同时出现
空间范围	除数字电视、数字广播等少数形式的媒体之外，大多数传统大众媒体的空间局限较大	几乎不受空间局限

在新媒体传播过程中，不仅传播主体和传播关系发生了改变，传播的时空范围也发生了巨大膨胀。从时间上看，新媒体的传播内容具有历史性的特点，即失去了时效性的"新闻"与具有时效性的新闻同时出现在网络上，网络就好像一个大的资料库，包含着自从网络诞生以来人们所创造的形形色色的文件和数据。

网络将世界各地的人们联系在一起，信息传播速度非常快，并且不再受到空间的局限。传播时空范围的膨胀和网络信息的可复制性也使得以往传统大众媒体的控制研究模式发生了改变。内容控制不仅起着把关的作用，同时也在迎合受众心理，采用系统自动排列或人工优化内容。从这个意义上说，内容控制不仅在控制受众所接收的信息，也对受众有强烈的引导功能。对内容的控制营造了受众身处的拟态环境。

4.4.2　意见流

网络中意见的自由传播，不是简单的复制或增减过程，它比信息的传播要复杂得多，参与作用的要素也多。大体上可将它分成三个层面：意见形成结构（个体、微观层面）、意见冲突结构（社群、中观层面）和意见流动结构（网络、宏观层面），如图 4-11 所示。

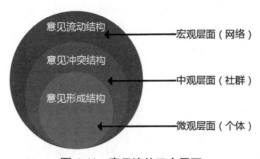

图 4-11　意见流的三个层面

意见的流动指的是意见从网络的个别区域向其他区域的扩散过程，以及各区域间意见的交叉运动。宏观层面的意见流动，主要表现为网络舆情。

意见的自由流动规律与信息的自由流动规律相似，从某种意义上来说，在新媒体时代，这一词汇与互联网自由度相关，成为转移人们注意力的一种手段。

意见的流动能力除与意见本身的属性相关外，在某些情况下具有更强的行动力，这些情况包括以下方面。

（1）与主流意见相对立，属于标新立异的观点。这种情况下能在意见的碰撞中形成同盟军，不同论坛对同一事件发出的主导声音不同。

（2）极端的观点。这样的观点由于其绝对性和怪异性，容易引起人们的反叛情绪，容易引来争辩。

（3）系统化的观点。由于其全面系统地阐述了一个问题，人们接受了一部分，而对另一部分会进行广泛讨论，以期得到共识。

（4）伪装深刻的观点。因使用貌似深刻的阐述方式，使人即使不明白其内在含义，依然愿意就其外在形式进行欣赏和批判。

由此可见，欣赏和认同、相互利用和树靶批判成为促使意见流动的外在动力。

意见冲突促使意见流动。如果把缺乏公开的反对声音误认为意见统一，那无异于自欺欺人。从传播效果上看，冲突中的意见和事物就更有关注度，而主导意见也正是通过在与非主导意见在碰撞中不断微调而产生的。同时，因为人的猎奇心理，对于被外在力量干预禁止的事物都具有好奇心和希望尝试的冲动。

课堂讨论：试着从信息量、传播性质和传播主体等角度分析新媒体传播与传统媒体传播在传播内容上的区别。

4.5　新媒体内容传播法则

内容是新媒体传播的主要对象。新媒体内容传播具有速度快、互动性强、无目的性、碎片阅读、众媒时代和社交属性等六大特征。接下来逐一进行讲解并分析应对方式。

4.5.1　速度快

一个带有热点词汇、吸引用户注意的普通事件可以通过数字化媒介在较短时间内在网络上通过广大受众的不断转载、跟帖和评论，使事件在全国甚至全世界范围内迅速传播，并在社会上造成巨大的影响。比如勇夺奥运金牌，卫星发射成功等。

新媒体的传播是建立在数字技术和网络技术基础之上的，随着网络技术的发展，信息传播的成本越来越低，传播的效率也越来越高，所以高效、快速地为用户提供信息服务越来越重要。

针对这一特点，可以通过以下三个方法应对。

（1）学会追热点，消费热点本身或借势热点、借力发力。

（2）加快处理非热点内容，任何好的内容，你都有义务快速地提供给用户，哪怕不是热点。

（3）一定要足够地快。举个例子，当某男星凌晨爆出消息时，你要凌晨起床准备稿子，完成后立即推送出来，当你起床的时候，稿子的阅读量已经达到10万以上了。这才是真正的快！

4.5.2　互动性强

在传统媒体时代，互动性几乎为零。而在新媒体时代，信息一旦发布，用户在选择接受或不接受的同时，还会依据自身的理解和感受发表个人的见解和建议，这种良性的互动对于及时促进信息发布者提高和改进自身工作大有裨益。

针对这一特点，可以通过以下三个方式发挥优势。

（1）引导用户互动。鼓励用户点赞、评论、分享、投票，回复用户的关键词，与用户进行后台互动等，还可以让用户分享一些自己的经历。

（2）维护互动。在所有的互动环节及时给用户反馈。

（3）根据互动反馈调整工作。我们做内容的目的是为用户提供服务，在服务的互动过程中，不断去感知用户，了解用户的需求，最终优化我们的服务。

4.5.3　无目的性

现在的年轻人，很少有人会去书店买书，更别说看书，更多的时间用在了刷朋友圈、刷微博上。在社交媒体上，大家都用"刷"这个词，其实本身就是一种无目的性的行为。比如，用户此时此刻想刷抖音30分钟，那其实在这半个小时里，他完全不知道会看到什么内容，一切都是随机的。

针对这一特点，可以通过以下两个方法应对这种现状。

（1）定好标题。保证用户在刷朋友圈时，半秒就能吸引用户。

（2）选题和开头。当用户阅读目的性不强的时候，一个有吸引力的选题，一个好的开头，就给了我们争夺用户注意力和时间的机会，使用户有了停下来的理由。

4.5.4　碎片阅读

信息时代的到来，使人们的时间愈加宝贵，阅读的模式也从"沙发式长阅读"转变为现在的"移动式"碎片化短阅读。

从前，人们的阅读都是坐在书桌前、图书馆、沙发上进行的，人的状态是静止的，阅读时间是有保障的，注意力是集中的，如图4-12所示。随着智能手机和社交媒体的蓬勃发展，人们接收信息的方式已经由传统的报纸、书刊等转变为了微博、微信及其他多媒体平台等新时代的传播工具。时代背景的改变促进了信息传播方式的改变，人们可能是在公交车上、地铁上刷文章，阅读时间是碎片化的，注意力可能随时被转移。在快节奏的现代社会中，信息进行碎片化传播有一定的必要性。

图 4-12 沙发式长阅读

针对这一特点，从阅读体验上来说，有以下几点建议。

（1）美化文章排版，使阅读界面简洁有条理，减少用户碎片化阅读的压力。

（2）保证文字流畅。

（3）增强文章的逻辑性，从而加强对用户注意力的锁定。

（4）采用图片、音频和视频等多种吸引人的信息呈现方式。

（5）保证文章的信息量和信息密度。

4.5.5 众媒时代

所谓的众媒时代，简单来说，就是生产者众和传播者众。这个"众"指的是每一个人都可以成为内容的生产者，每一个人也都可以成为内容的传播者。

对于这个特点，可通过以下方法应对。

（1）让用户参与内容的生产，微博和朋友圈就是很典型的让用户生产内容的平台，做公众号更应如此。作为一个新媒体运营者，只需要给用户提供选题和内容规范，最后进行筛选、整理、加工，做成文章进行推送就可以了。

（2）鼓励用户参与内容的分发；如今一个普通用户的微信好友都有可能是几百人，甚至上千人，如果你的文章能够被更多的用户分享，那么你的文章很快就会在社交媒体上刷屏。

4.5.6 社交属性

新媒体总结起来就一句话：不社交，无媒体。没有社交关系依托，或者不能帮助社交的媒体，都不再是媒体。没有社交属性的内容，几乎是无法被传播和交换的。

例如用户发朋友圈，发的不是用户想发的，而是用户想要朋友看到的内容；用户分享的不仅是用户觉得有趣，有用的，更多的是用户觉得大家会感兴趣，有用的。

针对这种特点，可以通过在内容中注入社交属性，让内容帮助用户表达观点、展示自我、寻找谈资、帮助别人等方法应对。

以上六个特征其实是一个整体，互相之间都存在某种联系，用户需要在实践中去体会，反过来再去指导实践，反复练习，直到摸索出传播的本质，做出更多的爆款内容。

案例　抖音短视频火爆原因分析

抖音短视频充分满足了现代年轻人展现创造力的欲望，在短视频制作过程中，根据兴趣选择自己喜欢的歌曲作为背景音乐，通过运用简单的视频拍摄技巧，利用软件中自带的工具控制视频拍摄速度的快慢，再结合视频编辑特效，使15秒钟的视频更具创造性、吸引力。通过智能手机，借助于短视频平台，当代年轻人在快节奏的城市生活中实现自我心情调节和减压。从现实意义上来说，抖音具有减轻心理压力的作用，是社会的"减压阀"和"调节器"。

相关机构后台数据统计分析，抖音用户中超过22%的用户每天平均在线时间超过一个小时。根据新媒体内容传播法则分析，抖音短视频受欢迎的原因有如下几个方面。

1. 推荐的内容出乎意料。抖音短视频如此火爆的原因之一在于它的不可预料性。手指下滑就可以切换到下一条视频，且视频内容不可预测，视频类型可能是搞笑、跳舞、温情，也有可能是分分钟让你拍手叫好的才艺秀，甚至是极具难度的挑战赛。这种不可预料性带给人们一定的惊喜。抖音用户普遍存在一种明明感觉只刷了几个视频不到5分钟的时间，实际上却已经过去了一个小时的疑惑，这是因为用户在行为上瘾的过程中体验到乐趣，不知不觉地消除了负面情绪，调节了心情。

2. 自动播放，停不下来。用户在使用抖音观看视频时，常常会因为视频的自动播放而停不下来。当用户用手指轻触屏幕，下一个视频的背景音乐会先于画面出来。若音乐刚好是你喜欢的，这种扑面而来的音乐会带给你愉悦的心情。诺贝尔奖得主丹尼尔·卡尼曼认为，"我们的大脑确实会先接收到抖音视频的音乐和图像，接着才会去理性思考这个视频讲了什么，我接下来要点赞还是要刷走它"。

3. 希望被赞，渴望挑战成功。日常生活中大家喜欢在自己的微信朋友圈里发些与自己生活相关的文字、图片和小视频，看到有人点赞便会心情愉悦。抖音同样也设置了点赞功能，点赞作品能够调动作者的积极性。获得点赞、受到认可能够使作者得到满足，心情更加愉悦。

另外，现在抖音中经常出现带有挑战性的视频，抖音小助手也会不定期地推出官方挑战活动，参与挑战的人数从几万到几亿不等，用户参与挑战获得了极大的参与感，在一定程度上消除了用户在现实生活中的压力，这也是抖音短视频如此火爆的重要原因。

课堂讨论：试分析抖音短视频满足哪些内容传播的特征，并分别采用哪种方式应对。

4.6　新媒体传播的方式

新媒体传播的方式有很多种，按其功能可划分为视频平台、社交平台和自媒体平台三种传播方式。用户需要根据自身的品牌定位和目标群体来选择合适的渠道。

1. 视频平台

随着移动互联网的发展，移动手机端的短视频应用应运而生并迅速崛起，逐渐发展成为了信息传递的主要方式，短视频传播具备了其他传播平台没有的优势。按视频平台内容进行区分，可将视频平台分为直播平台、短视频平台、长视频平台和音频平台四类。

视频平台传播方式如图 4-13 所示。

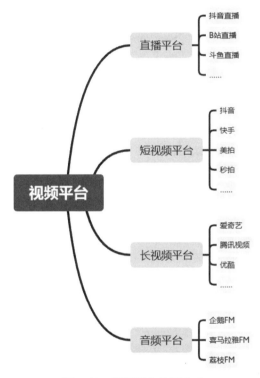

图 4-13　视频平台传播方式

2. 社交平台

目前，我国的社交网络逐渐呈现多元化、复杂化的特点，在不到 5 年的时间内，除微博和微信，相继诞生了陌陌、知乎、秒拍、映客直播等社交属性的平台，它们共同构成了移动互联网时代新媒体传播的新生态。

目前，社交平台已经是我们日常生活中不可缺少的一部分。社交平台可以分为微信平台、微博平台和问答式平台三类，例如知乎就是问答式平台。社交平台传播方式如图 4-14 所示。

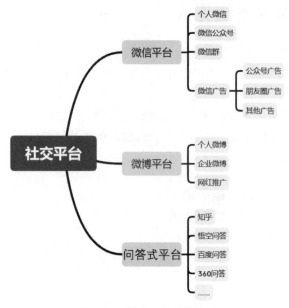

图 4-14　社交平台传播方式

3. 自媒体平台

自媒体平台是指以个人传播为主，以现代化、电子化手段，向不特定的大多数或者特定的单个人传递规范性及非规范性信息的媒介平台，人人都是麦克风，人人都是记者，人人都是新闻传播者。自媒体平台凭借其交互性、自主性的特征，显著提高新闻自由度，使传媒生态发生了前所未有的改变。

自媒体平台是近几年异军突起的新媒体平台，它凭借着自生的巨大流量吸引大家争先入驻。自媒体平台传播方式如图 4-15 所示。

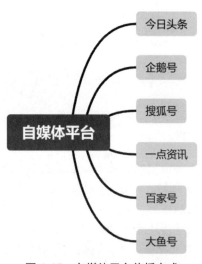

图 4-15　自媒体平台传播方式

4.7　新媒体传播的趋势

在 5G、人工智能和大数据等技术的推动下，新媒体内容生产和传播出现了以下几个新趋势。

1. 从媒体投放到内容生态

移动互联网时代是媒体变革、内容为王的时代，已经从过去的"媒介第一，公关第二"变成了"公关第一，媒介第二"。媒介衰变之后，单个媒介的影响力严重下降，媒介的竞争变得极其惨烈，内容变得很稀缺。原来是内容竞争很激烈，内容很多、媒介平台很少。有好内容，但是能够承载内容的媒介却很少，投稿后石沉大海的几率很大。现在情况反转，媒介平台无处不在，每个人都可以注册一个微信或一个微博。泛媒体多不胜数，反而需要吸引内容。所以今日头条鼓励自媒体创业者，一点资讯补贴原创作家，微信增加原创、赞赏功能，都是在鼓励内容创作。其实这是从媒介投放到内容生态的转变，内容变得越来越重要。

有人说"传统媒体没有未来"，这是指未来没有传统媒体。因为所有的媒体都有融合的趋势，在介质上大家都具有优势，如今各种平台应有尽有，微信、微博，人人都可以开通，甚至 App 也可以随意开发。所以，不再有传统媒体，没有纸质、网络、新媒体之分，大家都是新媒体，所以说未来没有传统媒体。

2. 打破媒体与企业的界限

很多媒体在做企业的事情，比如在做电商、创投孵化、投资房地产，媒体越来越像企业。比如广州羊城晚报的"羊城创意产业园"就非常成功，如图 4-16 所示。而企业也越来越像媒体，比如万达就构建了一个号称粉丝人数 1.5 亿的自媒体。800 多万粉丝相当于一家中型电视台的收视，万达 1.5 亿人数的受众人群是非常可观的。所以说未来没有传统媒体，都是新媒体，媒体需要融合。

图 4-16　羊城创意产业园

案例　汤臣倍健自己的自媒体编辑团队

汤臣倍健创建了自己的自媒体编辑团队，包括内容采编、运营和技术等部门，就是一家小媒体。内容采编完成后，会面向受众发行，其公众号便相当于一本健康杂志，如图 4-17 所示。汤臣倍健的粉丝加起来有 100 多万，相当于《南方都市报》好的时候的 150 万份左右的发行量。

图 4-17　汤臣倍健公众号

3. 媒介数字化

近些年来，大数据这个词频频被我们听到。大数据是什么意思呢？比如你阅读过新闻 App 中的 100 篇文章的标题中出现"美食"30 次、"游戏"20 次，那么 App 未来为你推荐的美食相关内容会越来越多，其次是游戏。

媒介变得数字化，提高了对用户行为的分析和判断能力，能找出用户的部分喜好，从而进行定向推送。最早的新闻 App 新闻推荐步骤是先由编辑初步决定，然后再由主编确认，最后由审版的编委排版后确定内容。现在则是通过数据的研判而进行新闻的推荐和排序。只要找到受众行为轨迹中排名第一的某个关键词，与此类似的信息就可能会放到最重要的位置供用户浏览。这类信息被同一类人群阅读得越多，就越可能出现在重要的位置。

4. 多屏场景化

现在是屏媒时代，有各式各样的屏幕，例如户外屏、电影屏、电视屏、电脑屏、pad 屏和手机屏等。人们的生活被大大小小的屏幕包围着，很少有人再去看纸质的东西，基本上都是在各种各样的屏幕上浏览。屏幕的种类虽然有很多，但每个屏的特征属性却不一样，比如在手机屏幕上，应用最多的还是社交软件，其次是资讯获取软件；在 PC 端电脑屏幕上，商务软件占主导地位，其次是学习类应用软件。

手机是用来社交、娱乐和获取资讯的；计算机更多地是用来工作的；电视大部分是用来娱乐而小部分用来获取资讯；户外屏是打发无聊的碎片时光的，比如分众传媒和户外广告，如图 4-18 所示。

图 4-18　分众传媒和户外广告

还有电影屏幕，电影是一种情感媒体。因为一个人单独去看电影的几率很小，一般都会与爱人、情人或朋友一起去看。所以，电影不是一个娱乐媒体，它应该是一个情感媒体。掌握每个媒体的属性，传播的时候才能找到重点。做内容的时候也一样，什么内容在什么地方呈现是需要我们思考的。根据不同的媒体，把自己的创意演变成不同的内容，然后在不同的媒介上投放，效果会比同一个平面，同一个设计在所有的媒体全覆盖要好得多。

未来已来。但要清醒地认识到，无论技术如何变化，产品和传播都要围着用户转。用户是互联网思维的核心。你和你的用户之间，既是信息传播共同体、情感交流共同体，也是价值判断共同体。用户的数量、停留时长、参与程度，代表媒体对受众的聚拢吸附能力、社会动员能力和行为塑造能力。从用户的多维需求出发，让用户直接参与到内容生产和传播中来，构建一个"以用户为核心"的生态，真正做到"以人民为中心"，媒体才能获得持久的生命力。

4.8　新媒体传播时代的融合

当前，随着互联网尤其是移动互联网的快速发展，信息传播格局已经发生剧变，大众传媒已进入新媒体时代，进入了在以手机等移动终端为主要载体的信息传播时代。新媒体天然地具有传播速度快、移动性强、互动性好和个性化足等优势，这是传统媒体无法比拟的。但这并不意味着传统媒体在新媒体面前一无是处、一蹶不振，传统媒体应发挥自身独特而深厚的优势，善于借用"他山之石"，实现媒体融合的跨越式转型发展。

网站、微博、微信和客户端等新媒体形态的快速崛起，虽然对报纸、广播、电视、杂志等传统媒体的生存和发展产生了巨大的挑战，但也带来了前所未有的发展机遇。发展新媒体，走媒体融合之路，已成为传统媒体生存发展的集体共识和必由之路。

1. 发挥自身独特优势

与新媒体相比，传统媒体具有信息发布的权威性、严谨性、真实性等特点。经过多年长足的发展和积累，报纸、电视和广播等传统媒体在内容的策划、采编和审发等方面，积累了丰厚的经验和成熟的规范，拥有新媒体难以替代的优势。这也是媒体融合发展时代，传统媒体与新媒体共存相融的最大资本。与此形成鲜明对比的是，一些网站、微博、微信和短视频等新媒体平台，时常爆出虚假消息、"三俗"新闻，混淆大众视听，成为误导公众舆论、影响社会安全的不稳定因素。

据2018年工业和信息化部发布的《2017年中国网络媒体公信力调查报告》显示，用户对网络媒体的严肃性、可信度与权威性的满意度并不乐观，"虚假新闻""标题党""植入广告""新闻炒作"和"三俗信息"等最令用户反感。

在媒体融合的道路上，传统媒体要以新媒体发展出现的问题为鉴，发挥自身的厚重优势。首先，坚持内容为王，而不是数量为王，同时兼顾社会效益和经济效益双丰收。其次，坚持正确舆论导向，不可哗众取宠。要把传统媒体在优质内容生产方面的优势，延伸拓展到新媒体中，让生产权威、真实、正能量的优质内容，成为传统媒体和新媒体的共同价值追求，确保网上网下的报道真实准确、全面客观。

2. 加强新型传播平台建设

再好的内容，没有完备、便捷的传播平台，也难以产生应有的社会效益和经济效益。一方面，传统媒体要加快新媒体尤其是移动互联网传播平台建设。在互联网大环境下，数字化报刊、网络电视、微信、微博、微网站、微视频等新的传播形态，已经成为广大公众获取信息的便捷渠道和体验习惯。其中，又以手机为主要载体的移动互联网传播占据主体地位，已经成为我国公民获得信息的主要渠道。因此，传统媒体行业必须主动搭建并强化移动互联等新媒体平台，占领信息传播和舆论主阵地，迈出媒体融合的坚实步伐。另一方面，传统媒体要启动并积极推进融媒体平台建设。移动互联网等新媒体传播平台的建设，只是传统媒体走向媒体融合的第一步，而打造融媒体平台，才是传统媒体走向媒体融合的关键一步。

新旧媒体传播平台不能相互隔绝、自成一体，而是要相互协作、资源共享、优势互补，尽快实现从"相加"到"相融"，实现一体化发展。为此，建设融媒体平台，关键要从体制机制上破除传统媒体和新媒体部门之间的藩篱，促进内容、技术、人才等要素共享融通，重塑新闻策划与采编流程，实现"一次采编、多元生成、多渠道传播"。

3. 把技术和内容放在同等重要的位置

快速发展新媒体，走向媒体融合，必须将新技术的应用和创新作为关键突破口。在新媒体时代，旧的传统媒体技术体系已经无法适应时代发展的要求。必须构建新的技术体系，为媒体融合发展提供强大支撑，以新技术发展引领、驱动传统媒体转型升级。

技术和内容，就是媒体融合的两翼，同样重要、缺一不可。传统媒体必须在新技术应用和创新方面，深化认识、看清不足、补齐短板。必须要做到以下三点。

（1）要认识到数字化、网络化、移动化、智能化和分众化是媒体融合发展的大势所趋。要真正实现融合发展，必须在移动互联技术、大数据、人工智能等新技术领域练好专业技能，逐步建立自己的核心技术团队。

（2）要增强内容的互动性、体验性和可分享性。互联网技术的发展，促使媒体传播从单向传播走向即时互动。

（3）要强化新技术应用，不断研发推出新媒体产品形态。当前，H5、微视频、微动漫、音频录播、视频直播、视频录播、VR/AR 等新技术形态，已经成为公众青睐的内容体验方式，也是成熟的融媒体平台内容生产不可或缺的"标配"。

公众参与度高、互动性强、体验性好，也是融媒体内容传播的突出特性。可以说，技术对优质融媒体内容的传播起着关键作用。没有强大的互联网技术支持，再好的创意和内容，也难以达到好的传播效果。

4. 培养引进融媒体人才

不论是传统媒体，还是新媒体，内容产出的决定因素还在于人。一个合格的融媒体人才必须能够针对受众的不同需求，根据不同的媒体渠道特性和用户特点，创作出涵盖、融合传统媒体和新媒体的多种内容形态，满足受众的多元内容体验要求。融媒体人才能力要求与具体工作内容如表 4-3 所示。

表 4-3　融媒体人才能力要求与具体工作内容

能 力 要 求	具体工作内容
融媒体思维能力	不仅要跳出新旧媒体的范畴，统筹考虑传统媒体和新媒体的有机融合，还要具备熟练综合运用不同媒介的能力
技术驾驭能力	不仅需要掌握传统的文字、图片、视频和音频等技术的操作方法和技巧，还要熟悉网站设计与维护、公众号运维、客户端开发运维、H5 制作和小程序运用等新媒体技术
融媒体内容生产能力	融媒体人才，必须既懂得技术又熟悉媒体传播规律，做到技术和内容兼顾并重

那么传统媒体如何打造融媒体人才队伍呢？一要对内培养人才。挖掘传统媒体中的"存量人才"，通过进修、培训等方式，选拔培养出一批融媒体人才。二要对外引进人才。关心、关注优质融媒体平台发展动态，从外部引进一批融媒体人才。三要激励留住人才。通过建立健全与媒体融合相适应的融媒体人才评价、晋升和激励机制，激发融媒体人才的潜能，推动媒体融合不断创新发展。

5. 加强对外合作，提升媒体融合水平

除了加强自身建设外，传统媒体还要积极走出去，通过与其他优质媒体平台的深度合作，为快速提升自身媒体融合水平开辟出一条有效途径。这在媒体推广和技术应用方面更为迫切、管用。

在媒体推广方面，传统媒体可以与有品牌效应的平台进行战略合作，依托其技术和平台效应进行自身推广。近年来，许多传统媒体纷纷入驻有影响力的公共平台，申办了自己的头条号、抖音号，依靠大数据挖掘、智能分类、精准推送的技术和强大品牌优势，面向自身客户或服务对象进行分众化推送，实现了推送内容的千人千面，社会影响力也随之日益扩大。

在技术应用和创新方面，传统媒体要与成熟的融媒体平台加强合作，尤其要利用后者的技术优势支撑自身内容创新。同时，除了内容生产上的资源共享、协同生产，传播上的一体策划、多元推广之外，新媒体对传统媒体的技术支持，带动了传统媒体利用新技术进行内容创新，推进了它们媒体融合的进程。

案例 赋能融媒体未来——"四川观察"逆势出圈

近日，抖音出现了一位名叫"四川观察"的新晋网红，如图 4-19 所示。粉丝数达 4798.3 万，总共视频获赞 28.6 亿次。央视新闻官方抖音号都发布视频公开点名表扬"观观"并且引得其他媒体争相讨论和模仿，如图 4-20 所示。

图 4-19 "四川观察"抖音账号　　图 4-20 其他媒体争相模仿

单日发布视频条数 30 多条，半个月涨粉 1500 多万人，隶属于四川广播电视台的官方抖音号"四川观察"最近受到了多方关注，更是受到了央视新闻的公开点赞。"四川观察"可以算是传统媒体转型成功的代表之一，它颠覆了传统地方媒体的内容传播特点，将视野放宽，走出桎梏。

"四川观察"的抖音账号成立于 2017 年，隶属于四川广播电视台。但一直没有专业的运营团队，影响力有限。直到 2019 年 8 月，转折出现了，当时正值四川因连续暴雨受灾，该账号发布了一条"四川抗洪民警追悼会"的视频，如图 4-21 所示。并针对抗洪主题发布了一系列内容，画面中军民一心团结抗灾的场景让人感动。

之后，"四川观察"在内容布局上做出了调整，在常规的政务新闻之外，拓展了内容类型，到 2019 年底，粉丝数量已经达到了 40 万。到了 2020 年，"四川观察"的涨粉之路更是走上了快车道，疫情防控期间制作的专题视频播放量超过 50 亿次。2020 年 8 月发布了回应"央视新闻观察四川观察"的视频、"狗狗跳楼逃生第一时间奔向主人，因为我短短的一生里只有你呀～"等爆款视频，如图 4-22 所示。半个多月涨粉 1500 万人。

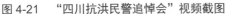

图 4-21 "四川抗洪民警追悼会"视频截图　　　　图 4-22 爆款视频

迅速的涨粉让"四川观察"这个原本不起眼的地方媒体账号迅速出圈，引发了网友热议，粉丝数量也保持着不断上升的趋势。

2020 年 8 月，四川广播电视台和百度签署战略合作协议，旗下"四川观察"将与百度着重在内容、技术以及产品等 3 个方面展开合作。在未来，双方将在重大新闻领域深层联动，通过"四川观察"与百家号的通力合作，孵化新媒体项目，深耕垂直内容。

从作为政务 App 的衍生副产品无人问津，到现在成为融媒体转型发展的主推品牌，"四川观察"的快速成长也在向我们证明，地方政务新媒体也可以做到如此量级。

课堂讨论：试分析"四川观察"逆势走红的爆款逻辑在哪里？

4.9　本章小结

本章讲解了新媒体传播的相关知识，帮助学生快速掌握新媒体传播的特点和优势，掌握传统媒体传播与新媒体在传播主体和内容传播上的不同。并了解新媒体内容传播法则和新媒体传播的方式。在了解新媒体传播趋势的同时，深刻体会新媒体传播时代，各种方式的融合和发展。通过本章的学习，掌握新媒体传播学的相关知识，为以后更好地从事新媒体营销工作打下基础。

第5章 社交媒体概述

社交媒体改变了人类的时空观念。在互联网上，人们"随时在线，时时互联"成为基本的生活场景，人类传播与连接的效率大大提高。随着5G技术的不断涌现，人们之间社会沟通的延迟时间越来越短，几乎可以忽略不计，人们沟通的焦点逐渐从克服时空障碍简化为不断提高传播效率。

社交媒体构建了人类活动的"一个世界，两个空间"。"一个世界"指的是人类生存的环境，"两个空间"指的是"现实空间"和"在线社交网络空间"。现实空间指的是人们基于在线社交网络构建的新空间；在线社交网络空间不再是虚拟空间，而是现实空间的一种映射，或者说人们在在线社交网络空间再造了一个现实社会。人们不断将现实空间中的事务转移到在线社交网络空间，并频繁穿梭于两个空间。

本章将针对社交媒体的基础知识进行讲解，帮助学生了解社交媒体的含义、构成要素、特征和模式。同时介绍社交媒体的发展阶段、社交媒体传播的作用和社交媒体垂直化发展。同时介绍了国内外著名的几个社交媒体平台，帮助读者进一步理解社交媒体的概念和模式。

5.1 社交媒体的含义

社交媒体指互联网上基于用户关系的内容生产与交换平台。

社交媒体是人们彼此之间用来分享生活经历、经验阅历和兴趣爱好并且产生可行性互动的工具和平台，从最开始的QQ、QQ空间、百度论坛和博客，到现在流行的微博、微信、今日头条、抖音和各类直播平台等。

社交媒体在互联网的沃土上蓬勃发展，爆发出令人眩目的能量，其传播的信息已成为互联网必不可少的重要一项，不仅制造了人们社交生活中争相讨论的一个又一个热门话题，更进而吸引传统媒体争相跟进。

社交媒体是网民自发性贡献、探讨、创造话题以供咨询，然后传播的平台。这里有两个关键点，一个是共同兴趣的人数聚集众多，一个是自发性、互动性、裂变式的传播。缺乏这两点因素的任何一点都不会构成社交媒体，如图5-1所示。

图 5-1 社交媒体的两个关键点

社交媒体的产生依赖的是 Web 2.0 的发展，如果网络不赋予网民更多的主动权，社交媒体就失去了群众基础和技术支持，失去了根基。

如果没有技术支撑那么多的互动模式、那么多的互动产品和网民的需求只能被压制，无法释放。如果没有意识到网民对于互动的、表达自我的强烈愿望，也不会催生那么多眼花缭乱的技术。社交媒体正是基于群众基础和技术支持才得以发展。

不管是现在还是将来，社交媒体都是互联网的一个重要生命元素。无论是对消费者、企业还是销售商、电商，社交媒体都是一个热门的话题。现如今，社交媒体领域不仅存在很多权威，还有很多创业公司、专业的书籍以及社交媒体公司。在许多企业，聘请社交媒体战略家和社区管理员，并制订相应的宣传方案对社交媒体加以利用，从而对自己的企业做顺应群众为基础的改革与升级，已经成为趋势。

5.2　社交媒体的构成要素

社交媒体传播的信息已成为人们浏览互联网的重要内容，不仅制造了人们社交生活中争相讨论的热门话题，还吸引了传统媒体争相跟进。不管什么样的社交媒体，其最终的目的都是帮助用户建立链接，都具有关系链、互动和内容三个构成要素，如图 5-2 所示。

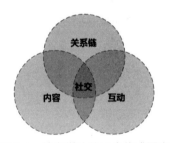

图 5-2　社交媒体的三个构成要素

5.2.1　关系链

关系链指的是人与人之间的连接，多条关系链组合在一起形成的网络就是人们常说的关系网络。它是社交媒体的核心要素之一。马克思曾经说过："人的本质不是单个人所固有的抽象物，在其现实性上，它是一切社会关系的总和。"在我们的日常生活中，没有人能够摆脱"关系"，关系多种多样，有强有弱，亲人、朋友、同学和伴侣都是不同的关系。

不同类型的社交媒体对于关系链的切入点往往也不同。通常采用以强关系切入和以弱关系切入两种方式切入。

1. 以强关系切入

大家几乎每天都在使用的微信，便是基于强关系熟人的社交媒体，不仅仅是微信，大部分即时通信产品都是如此，例如 QQ、支付宝。熟人社交的关键，在于是否能够成功地将用户线下的关系链迁移到线上，从而使熟人间的交流更加便捷。而一旦关系链成功迁移到线上，熟人之间的强关系为熟人社交媒体形成了一道非常给力的护城河，这就是其他新熟人社交媒体都难以撼动微信在熟人社交领域的霸主地位的原因。

案例 一天之内3款社交App登场，微信会怕吗？

2019 年 1 月 15 日，本是一个平凡的日子。但对于中国互联网来说，可能会是一个值得铭记的日子。三款社交 App，同一天登场亮相：多闪、马桶 MT、聊天宝，如图 5-3 所示。

图 5-3　三款社交 App

但是，很快这三款 App 就败下阵来。失败的原因有很多，其中最重要的一点就是，作为一款社交软件，微信已经具有了成熟的熟人社交领域，很难短时间内被其他软件替代。而且，在三款 App 发布的第二天，微信就屏蔽了三款 App 的分享链接，彻底封锁了三款 App 的生存之路。

2. 以弱关系切入

目前市面上仍不断出现新的社交媒体，例如 Soda 等。它们大多是以弱关系角度切入的陌生人社交产品。当前市场上比较成功的陌生人社交产品有基于 LBS 的陌陌、以三观匹配为卖点的 Soul、主打声音社交的赫兹、兴趣维度的豆瓣等，如图 5-4 所示。

陌陌　　　　　Soul　　　　　赫兹　　　　　豆瓣

图 5-4　陌生人社交产品

弱关系是强关系的起点，与强关系相比，弱关系的建立成本与迁移成本相对低得多，这就是为什么在陌生人社交领域难以出现如微信般垄断的巨头，为何总有前仆后继的新产品进入陌生人社交这条赛道。

由于弱关系的可信程度较低，大部分陌生人社交产品都需要通过多种渠道提高可信度，从而实现产品的核心价值。例如陌陌、探探等重颜值的社交产品会要求用户进行实名认证，而主打灵魂社交的 Soul 则需要用户完成心理测试题的填写。

所有的关系链，其强弱都可能随着时间进行波动，对于同一种关系如伴侣关系，天天待在一起的情侣感情可能不断升温，长久异地分离的夫妻可能逐渐陌生，而关系强弱的波动，离不开的是彼此间的互动。

互动，也是社交媒体的核心要素。

5.2.2 互动

互动是指社会上人与人之间，群体与群体之间等通过语言或其他手段传播信息而发生的相互依赖行为的过程。建立关系的用户能够发生互动，而用户间的互动又反过来影响关系链的稳定及强弱。其中的关键在于互动方式、互动强度、互动频率和互动价值。

以常见的互联网社交产品举例说明，在大部分产品中，常见的互动行为有聊天、点赞、评论和转发等，不同的互动方式对应着不同的互动强度。例如评论的互动强度大于点赞的互动强度。同样是聊天，视频聊天的互动强度一般都大于文字聊天。正常情况下，互动行为的强度越大，越容易提升用户双方关系的紧密度。

对于同一种互动行为，其互动频率越高，一般关系越紧密。但这也并不绝对，因为用户互动是否有效，还有一个非常重要的关键点，那就是互动价值。

"酒逢知己千杯少，话不投机半句多。"在我们的日常生活中，可能遇到过这样的情况。例如在现实工作中，有些同事虽然与你长期相处，但在工作之余却没有更深的交往，仍是熟悉的陌生人而已；而有些人，即使认识不久，只是通过几次小聚会，就成为了朋友。造成这一差异的原因，就在于互动价值的差异上。与老同事的交流可能止于工作，这些交流有利于工作的顺利开展，却没法让你们彼此更加了解。但在聚会时，天南地北地闲聊，却让你们对彼此的兴趣爱好、价值观有了一个基本的认识，从而成为了朋友。

互动是用户间关系链生成与变化的关键，但一个良好的互动是不可能凭空产生的。发表一个评论，总要有个评论对象；与他人聊天，关键在于聊什么不会产生尴聊。其中的关键辅助性信息，就是内容。

5.2.3 内容

内容指的是用户公开给其他人的信息，它是帮助用户产生互动的辅助信息。在互联网早期，受制于网络技术及网速，用户间的内容多以文字为主，诞生了 BBS、博客等纯文字的社交产品，而随着图片及音视频的处理技术愈加成熟，各种类型的内容如图片、音频、视频开始以更丰富的形式参与到社交活动当中。

对于任何一款社交产品来说，基本由内容生产、内容分发、内容消费三个主要环节构成了其内容供应链，如图 5-5 所示。而如何优化内容供应链对于所有的社交产品都尤为重要。

图 5-5　内容供应链

引导用户输出有价值的内容，可参照经济学上的价值主张概念，鼓励用户输出具有内部价值或者外部价值的内容，形式可以有空间动态和照片墙等形式。

对于 Tinder 或者探探这类滑动配对的产品，它们鼓励用户上传更多个人照片、更新更真实的个人信息，这些信息便属于用户生产的内容。当然，如何彼此推荐合适的用户，便是属于 Tinder 及探探们在内容分发环节需要考量的了。而对于抖音、一罐、微博这类更侧重于内容社交的产品，在个人资料之余，会想方设法让用户发布更多的动态内容，例如为他们提供图片、视频编辑工具，降低动态发布门槛，为优质内容提供物质或者精神激励，从而鼓励用户生产内容。有了充足的内容源后，内容分发变成了重中之重，例如抖音，便是凭借着极其强大的内容推荐算法而闻名于互联网圈子，如图 5-6 所示。

基于用户的协同推荐示意图

图 5-6　抖音推荐内容

当然，不能虎头蛇尾，在内容的消费端，如何帮助用户更好地消费内容，鼓励用户基于内容与内容生产者产生互动，是完成整个社交闭环的关键性收尾。

5.3　社交媒体的特征

在社交媒体时代，人们无时无刻不在获取信息，每一天都面临海量信息的"狂轰滥炸"。对其而言，"注意力经济"是生存根基，而寻找、探索新奇事物来满足好奇的心理是人的天性。相比中规中矩的新闻，"标题党""震惊部"等激发人的好奇心理的文章更能获取关注。

社交媒体的自身属性往往缺乏严格的信息审核机制，强大的传播力会导致猎奇内容的进一步扩散。所以，了解社交媒体的特征属性对我们了解事情真相非常重要，而与传统媒体相比，社交媒体具有以下五种明显的特征属性，如图 5-7 所示。

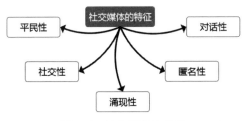

图 5-7　社交媒体的特征

1. 平民性

平民性是社交媒体的最根本特征，人们的创作动力往往来自个人的兴趣和偏好，而非工作任务和责任。由于没有选题约束和出版限制，社交媒体内容的主题十分丰富，但质量良莠不齐。虽然互联网给个体提供了大众传播的能力和机会，但大部分网络用户发表的内容都只能依赖其人际网络传播，只有极少量的主题内容会因为用户自发的复制、转发、推荐等共鸣行为而得到广泛传播。社交软件为用户提供了随时随地发表评论的功能。用户评论不仅丰富了社交媒体的内容，还促进了发布者、评论者和浏览者三方之间的交流，形成了一种更加多向的交流空间，并导致用户的社区感更强，情绪传染速度更快，舆论方向更难于控制和引导。

2. 对话性

社交媒体不是单向的、一对多的舆论宣传型媒体，而是双向的、多对多的交流对话型媒体。借助社交网站、微博、微信、抖音等社交软件，任何一个社交媒体注册用户都可以编辑、发布和传播信息。

随着社交软件应用的普及，整个媒体市场由"传播场"变成了一个"对话场"，其对话模式不仅包括媒体机构与普通大众之间的纵向联系，还包括普通大众内部的横向结构。

3. 匿名性

匿名参与是社交媒体中常见的现象，它迎合了普通人的心理需求，这也是社交媒体使用规模极速膨胀的原因之一。

社交软件平台允许网络用户匿名注册，使网络用户可以同时注册多个 ID。在不同的网站上时，网络用户可以使用不同的 ID 或完全匿名发表、编辑或传播内容。匿名参与性一方面促进了媒体用户间的在线交流，另一方面也降低了用户创造内容的可信性，并导致社交媒体市场中虚假消息的盛行。

4. 社交性

社交媒体内的网络虚拟社区多种多样，这些社区既可能由用户的现实社会关系联结而成，也可能由纯粹的网络联系联结而成。在加入网络虚拟社区后，用户创作和发表的目的不仅为了自我传播，更为了维护和拓展人际关系网络、树立个体形象和强化社区地位。社交网站、微博、微信的社交目的性尤为明显，其内容的个性化和地方化特征也更加突出。社交目的性在一定程度上降低了社交媒体内容的公共关注度和大众影响力，却也提高了用户归属感。

5. 涌现性

从系统论角度来看，社交媒体是一个松散的、多人参与的社交信息系统，该系统内的主体是人，客体是信息。系统内个体的行动集合包括创作、编辑、传播、消费和评论五大类。由于社交媒体内的控制机制较少，信息流动自由，所以系统用户越多、内容规模越大，系统就越无序。媒体生态整体上处于有序和无序之间的状态，其中各种热点事件的产生与发展是一种系统涌现，难以进行事前预测和事后控制。

社交媒体已经深入人心，其蓬勃发展所带来的社会话语权力的重新分配打破了我们熟知的交流常态，彰显了现代社会以大众媒介为中心到以个人媒介为中心的媒介发展趋势和深刻变化。社交媒体赋予了大众更大的自由表达和传播能力，这在一定程度上改变了基于传统媒体的社会话语权分配结构，为大众的叛逆提供了更多助燃动力。

社交媒体是一种用户创造和用户传播的媒体，任何一个网络用户都可以发表和传播信息，这种信息源的广泛性和传播过程的多路性使得社会性媒体内容的监管十分困难。社交媒体发布的内容多为个人意见和见解，带有明显的个人情感特征，在复制和传播的各个阶段，常常会产生多个"版本"，由此导致了社会性媒体内的信息紊乱现象十分严重，这不仅降低了社交媒体的可信性，也加大了政府对社会舆论进行有利引导的难度。

🔨 **课堂讨论：**你知道哪些关于社交媒体的弊端？试分析用户从社交媒体流失的原因。

5.4 社交媒体的模式

社交媒体已广泛存在于互联网应用的各个方面：虚拟社区、即时通信、移动直播、微博微信、音视频等。社交媒体已形成多种传播形态和运营模式。常见的社交媒体模式有平台型、社群型、工具型和泛在型。

5.4.1 平台型

随着互联网和新媒体的发展，社交媒体的组织形态也发生了变化，并逐渐形成了一个个强大的媒介平台。媒介平台是通过某一空间或场所的资源聚合和关系转换为传媒经济提供意义服务，从而实现传媒产业价值的一种媒介组织形态。意义服务是媒介平台的存在基础和核心价值，即通过各种技术手段、服务产品和聚合平台，为传媒经济提供运行的基本条件。媒介平台的功能是聚合资源、响应需求、创造价值。微博和微信就属于典型的平台型社交媒体。

相较于其他类型的社交媒体，微博的媒体属性更突出，微博成为当今中国最大的公共信息发布平台，并对当下中国的网络舆论产生巨大的影响力，尤其是遇到突发性公共事件的时候。与此同时，社交媒体成为基于用户社会关系的内容生产与交换平台，从而把新媒体经济导向关系经济，图 5-8 所示为新浪微博的"发现"首页。

图 5-8　微博平台

相较于微博聚合内容的平台模式，微信更趋向于服务型平台模式。微信的核心服务是即时通信，通过语音、视频、直播、扫二维码、摇一摇和附近等通信类服务，满足用户的社交需求，增强用户黏性。图 5-9 所示为微信 App 的启动和"发现"界面。

此外，微信也通过连接其他平台和媒体，接入新应用来提供更多服务，而其中最关键的是微信支付。通过嵌入互联网金融服务功能，微信与其他互联网服务实现连接，如手机充值、购票、电商，从而实现服务的创新和无限延展，如图 5-10 所示。

图 5-9　微信 App 的启动和"发现"界面　　图 5-10　微信 App 的支付界面

通过一系列的聚合与接入，微信逐渐成为既有社交娱乐又有生活服务的平台型媒体。

5.4.2 社群型

随着互联网的发展，人类的社会关系从血缘关系、地缘关系、业缘关系，发展到"虚拟关系"，社交媒体成为个人构建网络关系的重要手段。社交媒体的出现充分证明了媒介即关系，新媒介即新关系，如图5-11所示。网络社群即是基于社交网络形成的新的关系群体。

图5-11 媒介即关系 新媒介即新关系

社群是有共同爱好、需求的人组成的群体，有内容、有互动，由多种形式组成。而互联网的连接特性，以及互联网以人为中心的趋向，促进了"社群"的出现和繁荣发展。"社群"是以一种强关系维系起来的，更强调社群中的人，以及群体的归属感和群体意识。

由此可见，具有即时通信功能的社交媒体最易成为社群型社交媒体。微信是当前最典型的社群型社交媒体，其他的如豆瓣、知乎等垂直化的社交媒体也属于社群型媒体，如图5-12所示。

图5-12 豆瓣和知乎页面

社交网络服务的出现，使网络社群初具规模，社群的个性化垂直细分更加突出；微信的便捷的即时通信功能，使不同社群成员间的互动更加频繁，网络社群的内部关系也开始出现网状结构。

微信的社群化社交特征主要表现在"微信群"和"微信公众号"两个方面。微信群是微信中小规模的多对多互动空间，有基于强关系构建的微信群，它是对现实关系的一种补充，具备现实熟人关系产生的信任感，如家庭群、工作群；也有基于弱关系形成的微信群，以趣缘为基础建立起来的微信群，成员之间的关系可以是熟人也可以是陌生人，通过话题讨论和不断互动，成员逐渐产生融入感和归属感。微信群社交特征如图 5-13 所示，从去中心化的互联网又回归到再中心化的社群。

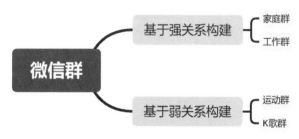

图 5-13　微信群社交特征

再中心化的网状社群关系是社群型社交媒体较为理想的模式，社群型社交媒体带来了一种新的关系构建方式。社交媒体的价值观传播正在重构我们的社会关系，不但打破了传统媒体的"面"上传播关系，更打破了我们社会一直以来的"差序格局"的社会关系构建方式。

5.4.3　工具型

社交媒体的最显著特点是其定义的模糊性、快速的创新性和各种技术的"融合"。工具型社交媒体把社交工具化，把社交作为互联网产品中的重要元素而不是主导元素，即用社交的思维做工具产品。此类社交媒体中社交只是工具，服务才是目的，如大众点评、途虎养车、美团等 App，如图 5-14 所示。

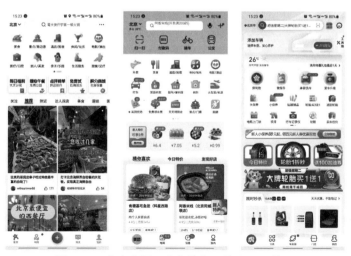

图 5-14　大众点评、途虎养车和美团 App 首页

在满足用户寻找评分最高店铺的前提下，大众点评开发预订等功能，扩展了服务项目。同样，途虎养车和美团也是在满足用户对 App 应用刚需的基础上，加入评论、分享、动态等社交功能，将 App 原始功能与社交结合，使之在同类产品中脱颖而出。

工具型社交媒体的一个特点是场景，即基于移动互联网的应用场景，它包括五个核心要素：移动设备、社交媒体、大数据、传感器和定位系统。社交通过与工具使用场景的适配，更好地实现用户的接入。

工具型社交媒体的模式，是建立在满足用户刚需的基础上，再根据应用场景开发出适合的社交应用，如基于位置的打车服务不仅是移动互联网的应用，实际上已是一个物联网的应用。

5.4.4　泛在型

泛在型社交媒体模式，不是指一种独立形态的媒体，而是以社交属性的内容和服务"嵌入"各类媒体形态中，既可以被新型媒体所应用，也可以为传统媒体所吸纳。更准确地说，泛在就是一种无处不在的社交连接。

截至 2020 年 12 月，我国手机网民人数达到 9.86 亿，网民中使用手机上网的比例高达 99.6%。移动互联网的发展，突破了 PC 互联网的空间限制，移动社交已广泛存在于各类媒体和非媒体中，社交媒体呈现出一种泛在化的态势。火爆的网络直播也属于泛在型社交媒体的范畴，那些互动性很强的娱乐类游戏类直播实际上都是一种带有媒介属性的社交行为，如图 5-15 所示。

图 5-15　游戏类直播

许多运营者不仅希望能够将发布在社交平台上的内容变现，而且渴望发掘社交媒体的连接能力，连接一切成为新媒体最重要的运营理念。在移动互联网时代，二维码是互联网最主要的连接口之一，二维码可以在任何场景、任何时间、任何媒体上出现，而智能手机上的"扫一扫"功能让用户很轻易地实现了连接。此外，语音识别、指纹、眼纹等都可成为接入产品，更便捷、更安全地接入使社交媒体的边界不断拓展，呈现出一种"无社交不传播"的态势，同时也开始进入到"万物皆媒"的社交媒体时代。

社交媒体的以上四种模式并不是固化的单一形态，而是相互连接、相互依存的，不断融合、不断创新，并存于一个错综复杂的社交网络生态中。而其中的大数据、云计算、人工智能、VR/AR 和机器人等新科技也在影响着社交媒体的发展。

5.5 社交媒体的发展阶段

目前，社交媒体已经成为互联网最热门的话题之一，也成为投资圈最炙手可热的追捧领域。回首社交媒体的发展，从国外的 Facebook、Twitter 到我国的开心网、人人网等泛娱乐社交媒体应用，再到目前中国大行其道的微博、微信、抖音、快手等应用形态，社交媒体的概念深入互联网精髓。

从一定意义上来看，社交媒体其实是源于网络社交的需要，其包括 BBS 时代、休闲娱乐型社交媒体时代、微信息社交媒体时代、垂直社交媒体应用时代和兴趣社交媒体时代。

1. BBS时代

社交媒体是从 Web 1.0 时代的 BBS 逐渐演进的。BBS 是一种点对面的交流方式，淡化个体意识而将信息多节点化，并实现了分散信息的聚合。1994 年 5 月，中国第一个论坛——曙光 BBS 成立，除了基本信息发布功能外，还包括现在的网络社区、即时消息、聊天室等多种常见的网络交流形式的雏形。

论坛的诞生，打开了一种全新的交互局面，普通民众可以通过使用论坛与陌生人互动，而不仅仅是被动接受媒体信息。天涯、猫扑、西祠胡同等都是 BBS 时代的典型产品。图 5-16 所示为天涯和猫扑的 Logo。

图 5-16 天涯和猫扑的 Logo

2. 休闲娱乐型社交媒体时代

经历了早期 BBS 阶段，社交媒体凭借休闲娱乐取得了长足发展。2004 年，复制线下真实人际关系到线上进行低成本管理的 Facebook 诞生，社交媒体正式迈入了 Web 2.0 时代。受国际社交媒体发展的影响，中国社交媒体产品相继出现，它们形态各异，百花齐放，包括视频分享、SNS 社区、问答、百科等。

2005 年成立的人人网、2008 年成立的开心网，拉开了中国社交媒体的大幕。这段时间大体跨越了 2006 ~ 2008 年，风险投资在此间经历了大幅投入之后，2008 年进入缓步投入阶段。图 5-17 所示为人人网和开心网的 Logo。

图 5-17　人人网和开心网 App 的 Logo

3. 微信息社交媒体时代

2009 年 8 月，新浪推出微博产品，140 字的即时表达，图片、音频和视频等多媒体支持手段的使用，转发和评论的互动性，使得这种产品迅速聚合了海量的用户群，当然也吸引了众多业者（如腾讯、网易、搜狐）的追随。这种模式将广义社交媒体推向投资人的视野。

随着移动互联网的发展，微信息社交产品逐渐与位置服务等移动特性相结合，相继出现了米聊、微信等移动客户端产品。另外，不容忽视的是社交时代，社交功能逐渐成为产品标配，已经无法准确区分社交产品的范围。图 5-18 所示为新浪微博和微信 App 的 Logo。

图 5-18　新浪微博和微信 App 的 Logo

4. 垂直社交媒体应用时代

垂直社交媒体应用并非是在上述三个社交媒体时代终结时产生的，而是与其并存。目前，垂直社交媒体主要与游戏、电子商务、交友和职业招聘等相结合，可以看作社交媒体探究商业模式的不同尝试。垂直社交媒体的强联系、小圈社交概念不断放大，基于共同兴趣的需求被细分出来。

社交媒体垂直化发生在不同的社交媒体。笼统地讲，所有社交媒体中的社群都是垂直化的具体表现。其中，既有大众社交媒体的社群（如 QQ 群、微信聊天群、百度贴吧、人人网社群及新出现的微博群等），也有垂直化社交媒体中（如豆瓣网、陌陌、YY 语音及天涯社区等）的社群，图 5-19 所示为豆瓣网和陌陌 App 的 Logo。

豆瓣 douban　☺ MOMO

图 5-19　豆瓣网和陌陌 App 的 Logo

5. 兴趣社交媒体时代

兴趣社交媒体包括短视频平台、直播平台和图文种草平台等多种形式，无论是哪种平台,其原理都是根据用户的兴趣进行推荐,并可以让具有相同兴趣的人聚集在一起,也就是"圈层"。下面以短视频平台为例了解一下兴趣社交媒体。

"短视频"这一概念是相对于传统的"长视频"而言。从广义上来讲,从几秒钟到几分钟,都可以归为短视频的范畴。生动有趣的短视频为用户提供了一种集生产与共享于一体的社交新形式。在用户的时间分布中,视频、社交仍占据主要地位。短视频早已超越在线视频成为仅次于即时通信的第二大行业。抖音、快手、西瓜视频、火山小视频、好看视频、微视等短视频 App 月活跃用户规模日益增加。

作为一种文化形态,短视频相对于文字、图片来说,具有更强的感染力。一方面,短视频为社交媒体贡献很多原创内容和更强的用户黏性;另一方面,社交平台为短视频的快速传播提供了渠道。

国内市场上的短视频 App 很多,但实际上几款主流 App 在定位上存在明显的差异,它们有不同风格的内容,吸引着不同特质的用户。例如,美拍 App 更依赖女性用户,主打滤镜、特效,如图 5-20 所示。而依托在腾讯平台下的微视 App 则借助社交分享的基因,打造了一个短视频平台,集合了工具属性、社交属性与运营能力。因此,在微视上可以看到,除了美女自拍以外,还有各种媒体资讯、旅游交友、明星娱乐等。

图 5-20　美拍和微视 App 的 Logo

回顾社交媒体的前世今生,与其说是技术的发展,不如说是人的解放。从 BBS 等将人从单向的大众传播中解放出来,到博客中开始以"个人门户"的形式主动传播,再到 SNS 将个人的价值凸现出来,再到移动社交媒体帮助人开始建立属于自己的社会关系网络,个人的能力在不断得到释放。个人不再是被动接受的客体,而成为了传播的主体,社交媒体也因此构建起新的社会网络和社交模式。

案例　"抖音"App中的社交体现

2018 年,一段"抖音"短视频中,一位男子说了一句"真好",由于男子特殊的形象和语气,瞬间,"真好"一词被不断分享转发,人们争相模仿,甚至多次占据微博热搜前三的位次,如图 5-21 所示。

在一段时间内,无论与"真好"有无关系,人们都愿意在一句话的最后以"真好"结尾,甚至有些厂商将"真好"的原创发布者作为形象代言人来宣传自己的产品。类似的事件有很多,越来越多的网络词汇从"抖音"平台上流出,通过其他社交媒体传播在人们生活的方方面面。当人们对这些"抖音体"出现疑惑时,便会寻找它的来源,之后为了跟上以"抖音体"词汇领导的潮流,人们会进行更大范围地传播。当两个陌生人在某个公共空间发生某种联系时,可能不再是八卦娱乐,不再是国家大事，而是通过"抖音体"迅速确认"抖友"关系，从而促进了进一步的社交行为。

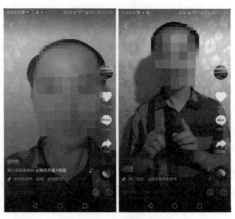

图 5-21　抖音短视频

除了"抖音体"之外，"抖音"的宣传口号"抖音，记录美好生活。"也作为"抖音文化"的一部分影响着人们的社交行为。广告的不断植入，使用户在潜意识里认为记录美好生活，就应该用"抖音"这种短视频的形式。因此在一些特定的时空里，用户会主张拍摄"抖音"来记录生活。同时，拍"抖音"的方式渐渐化解了一次聚会、一个空间内全是"低头族"的尴尬，同样是玩手机，更多的人喜欢玩出花样来。由此可以看出"抖音"不仅成为一种促进社交的方式，其本身也成为了社交内容的一部分。

✎课堂讨论：试阐述，针对我国的实际情况，我国的社交媒体具有哪些特色和创新。

5.6　社交媒体传播的作用

社交媒体拉近了人与人之间的距离，同时也让人变得故步自封，在释放个体对世界的发声权后，也让人的生活变得趋同，其中既有人与群分的社会作用，也有大数据推荐算法的原因。在社交媒体中，社交媒体对促进新媒体传播的影响有以下三个作用。

5.6.1　内容反哺渠道

在新媒体环境下，传统媒体失去了工业时代的主动权。在网络媒体还未如此发达的时期，传统媒体报道的内容通常都经过了筛选，传播信息的同时也确立着一件传播事件的开端。因此，在过去的品牌推广及公关活动中，品牌主都把精力花费到渠道建设上，一方面是因为传统渠道有一定的排他性及独占性，另一方面是因为传统渠道的曝光意味着信息的价值及效率。总而言之，渠道本身的形态很大程度上决定了内容传播的价值及广度。

为了适配整个社会的快节奏信息流，网络媒体及社交媒体的发展让传统渠道退居次位。如今，信息生产通道不再通过传统媒体发声引发社会讨论，而是先通过内容形成社会话题及热点，然后再通过新媒体的推广反逼传统媒体被动报道，形成内容的反哺，如图5-22 所示。

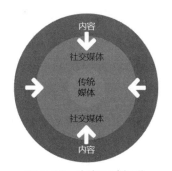

图 5-22　内容反哺渠道

此时，传统媒体的介入及被动报道已经意味着传播战役接近尾声，难以再次发酵扩散，若是严肃媒体对公关事件进行定性报道，那就更意味着传播事件已经结束。

可以看出，以往的品牌传播通过渠道去带动认知，而如今是通过内容带动认知。就公关传播来说，以往只需要做好事件策划、准备通稿、邀请媒体参加发布会这三个步骤就可以至少有些反响。在现今的媒体环境下，报纸头条、门户首页的新闻也不见得有多少人知道，内容、口碑、体验成为了品牌传播的突破口。

5.6.2　二次分享信息

网络媒体的丰富让我们与世界无缝对接信息，但事实上这只是我们的一厢情愿。信息选择过多只会让我们更加难以选择符合自己偏好的信息，消费者的信息传达反而越来越封闭，这也是为什么品牌信息很难打入一个社群的原因。

消费者对信息的信任再次从权威媒体转移到社群 KOL，原因很简单，KOL 懂得其圈层的个性化需求。一个品牌的主人既不属于消费者，也不属于广告主，而是属于那些能够二次分享加工品牌信息的人，即分享主。这里所指的分享主便是具有再创造能力的 KOL。

意见领袖在社群传播中起着重要的中介作用，并掌握着该圈层大量的社群资源。原则上，在每一个社群中都会有成员担任"信息散布者"的角色，而每一个类别的圈层中 KOL 的数量是有限的。事实上，如今火热的"网红"概念就是意见领袖的衍生，通过拉拢、渗透意见领袖，能够让品牌传播事半功倍。

5.6.3　传播机制内部化

传统媒体将传播的主动权从渠道端收回到内容端，还将整个传播机制及运作推向企业。从品牌推广运作来看。

1. 渠道正在内部化

在企业的渠道规划中，传统媒体网络正向新媒体网络组合转移，企业越来越注重自我发声和自媒体推广，许多企业已经形成了由多账号、多形态组成的自媒体矩阵平台。

2. 内容生产内部化

新媒体信息流动速度之快让许多传统代理协作的内容生产方式无法及时响应，越来越多的公司与广告代理商采用 INHOUSE 的工作方式，甚至完全将广告创意、推广内容内部化，收编广告公司团队在大公司品牌运作中也并不鲜见。

3. 媒介购买内部化

传统广告公司、公关公司的利润来源于媒介购买。如今，越来越多的企业企图绕过中介直接对接资源平台。越来越多的媒介平台通过公开竞价进行媒介销售。例如，企业用户能在"克劳锐红管家"上自由采买 KOL 营销数据，如图 5-23 所示。

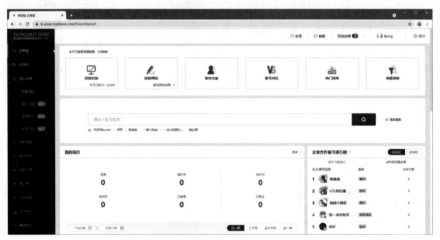

图 5-23　在"克劳锐红管家"上自由采买 KOL 营销数据

一方面，渠道与内容的重心反转，另一方面，KOL 在社群中大放异彩。同时，品牌推广机制的内部化构成了品牌推广的三个新特征，了解了这三点，方能让企业在新媒体环境下进行品牌推广时更加有的放矢。

5.7　社交媒体垂直化发展

垂直社交是一个互联网用语，指的是兴趣相投的人之间的社交关系。在一般社交关系中，个体间的兴趣迥异，难有共同语言。在垂直社交中，所有个体都有共同的目的或兴趣。随着以陌陌为代表的垂直化社交媒体的不断壮大及成功上市，社交媒体垂直化也成为了人们关注的焦点。

笼统地讲，所有社交媒体中的社群都是垂直化的具体表现。其中既有大众社交媒体的社群（如 QQ 群、微信群、百度贴吧、人人网社群及微博群等），也有垂直化社交媒体中（如豆瓣网、陌陌、YY 语音及天涯社区等）的社群。

　　社交媒体垂直化发展的过程也并非想象得那么一帆风顺。即使是因上市而走红的陌陌，其在上市一段时间后股价却几乎是一路下滑，造成这种情况的原因主要是由于垂直化社区吸引力下降、大数据利用不足、广告价值低和盈利能力低等原因，图 5-24 所示为陌陌 App 界面。下面针对社交媒体垂直化发展中的问题及解决方法进行讲解。

图 5-24　陌陌 App 界面

　　1. 提升垂直化社群吸引力

　　纵观社交媒体历史，许多垂直化社群发展初期人气很高，后来却逐步失去吸引力，许多 BBS 及 QQ 群的发展历史有就类似的情形。造成这种情况的原因，主要是由于内容的价值度下降和互动的有效性下降。特别是前者，比如相对比较隐私的微信朋友圈，也经常出现不少有毒的"心灵鸡汤"、垃圾广告及代购等信息，让人觉得索然无味。

　　可以通过积极提供原创新鲜的内容、高含金量的内容、有爆点（如泪点、笑点、感人点或愤怒点等）的内容，提高垂直化社群内容价值。同时注意内容的叙事方式和表现形式的多样性（如图片、表情、动画或视频等），尽量避免平淡无奇。

　　可以通过学会思考及提问题、给他人留下互动的空间、调节对话的气氛、发现高价值评论和新的话题线索等，来提高垂直化社群的互动效率。

　　2. 社交垂直化利用大数据

　　大数据可以让企业更全面地了解用户，然后投其所好地向用户推荐其感兴趣的信息，预测用户的需求变化。在遵守基本隐私的前提下，陌生人社交平台依然可以利用大数据了解用户。例如以陌生人为主的垂直社交媒体，除了用户的部分私密信息外，其他信息可能通过其信息发布及互动的内容捕捉到。

商务需求匮乏是目前社交媒体垂直化中大数据应用的主要问题。目前，主要的商务需要分为非商业化推送及商业化推送。多数垂直社交媒体较为重视商业化推送，而忽视非商业化推送。其实，许多非商业化的信息中是可以植入商业信息的。另外，不要简单地根据社群的名称来判断该社群的兴趣。一方面，社群发布与互动的内容可能与社群名称不完全相符；另一方面，社群在不同时期可能有不同的关心话题，同时话题还有大小粗细之分。更小或更细的话题也更有价值，而这正好是大数据分析的优势。

技术实现是商业需求明确后的问题。这个问题主要涉及技术人才对商业的理解能力与技术掌握的水平。既懂商业需求又有技术实现能力的垂直化社交媒体会在大数据利用上更胜一筹。

3. 提升垂直化广告的价值

社交垂直化所依托的众多社群是以兴趣为主要划分依据的，这些不同兴趣的社群可以成为广告投放的主要依据。可以说，社交垂直化具有天然的广告价值。

提升社交垂直化广告价值的主要手段仍然是利用大数据。其中，既有基于大数据的"实时竞价"之类精准商业信息的推送，也有基于大数据的更细致的社群兴趣分析，还有基于大数据的朋友圈之类的硬核推送。

1）"实时竞价"精准推送

"实时竞价"精准信息推送诞生了广告商、数字信号处理器（DSP）、供应方平台（SSP）及广告交易平台（Ad Exchange）等组成的"实时竞价"生态链。垂直化社交媒体可以承担 DSP、SSP 及 Ad Exchange 中的两个或三个角色。相对于传统的硬广告，"实时竞价"精准商业信息的成本会更高。

2）基于大数据的更细致的社群兴趣分析

基于大数据的更细致的社群兴趣分析，主要是针对垂直化社交媒体中众多的社群而言的。其分析社群中所关心的细化问题，匹配与之更合适、更相关的广告，以提升社群广告的精准度，进而提升广告的价值。

3）基于大数据的朋友圈之类的硬核推送

基于大数据的朋友圈之类的硬核推送的关键是大数据的应用水平，应在捕捉及分析更全面大数据的同时，尽量保证相关商业信息的精准性，且给用户以是否取消广告的自主权，并且注意广告创意，平淡、商业气息浓重及粗制滥造的广告自然不受欢迎。

需要区分第二种与第三种情况。第二种社群中体现的是兴趣，一个用户可以主动或被动地加入多个社群，所有用户都能看到群里的多数信息；第三种朋友圈体现的是用户个体的社交圈子，通常只有互为好友的人才能看到相关信息。

4. 提高社交垂直化盈利能力

目前，垂直社交媒体的主要盈利模式是会员收费、认证收费、游戏收费及广告收费等。

对于会员收费及认证收费，主要看服务的质量、会员或认证用户的特殊权益，但是如何平衡收费标准与付费用户总量间的关系，是需要考虑的问题。

对于游戏费分成，主要分为自主开发的游戏及非自主开发的游戏，显然后者主要是游戏收费后的分成。提高游戏收费模式盈利能力的重点，除了游戏开发水平外，还要重视结合垂直社群兴趣与特点的游戏推广、传播及互动，使垂直社区中有更好的游戏营销效果。

对于广告收费，要充分利用大数据及相关生态链，不能局限于传统意义上的硬广告，要让更多精准商业信息推送到最合适的社群，甚至是社群中的不同用户个体。当然，非商业信息中的广告植入也是很重要的策略。同时，商业广告的创意是提高广告吸引力的另一条重要策略。

需要提醒的是，垂直类社交媒体与大众媒体中的社群（如微信的聊天群或朋友圈）会在上面几个方面形成用户竞争，用户习惯、用户及社群总量及大数据的体量将是影响垂直社交媒体盈利能力的重要因素。

总之，垂直化是社交媒体未来发展的重要方向或趋势之一，但是其面临的难题不少，必须想办法提高社群的吸引力，充分利用大数据，努力提高社交垂直化的广告价值及盈利能力。

课堂讨论：根据目前的互联网发展趋势，试阐述我国社交媒体未来的发展趋势。

5.8　国内外社交媒体平台

在开展社交媒体营销之前，首先要清楚每个社交平台的特点，而且也要清楚自己产品或服务的定位在哪里，然后再选择适合自己产品或服务的平台进行营销，有的放矢，才能用最有效的方式，获得最大的经济效益。本节向读者介绍国内和国外著名的社交媒体平台，帮助读者了解不同平台的特点。

5.8.1　国内社交媒体平台

随着互联网技术的日益发展，国内的社交媒体平台快速发展，涌现出大批社交媒体平台。可以将这些平台分为综合型社交媒体平台（如微信）和垂直型社交媒体平台（如微博、喜马拉雅、抖音、小红书）。下面针对几个常见的媒体平台进行介绍。

1. 微信

微信是腾讯公司于 2011 年 1 月 21 日推出的一个为智能终端提供即时通信服务的免费应用程序。微信支持跨通信运营商、跨操作系统平台，通过网络快速发送免费语音短信、视频、图片和文字，同时，也可以使用共享流媒体内容的资料和基于位置的社交插件"摇一摇""朋友圈""公众平台""语音记事本"等服务插件。

目前，微信已经覆盖中国 98% 以上的智能手机，月活跃用户达到 12.2 亿，用户覆盖 200 多个国家，使用语言超过 20 种。微信提供公众平台、朋友圈、消息推送等功能，用户可以通过"摇一摇""搜索号码""附近的人"、扫二维码方式添加好友和关注公众平台。同时，微信能将内容分享给好友以及将用户看到的精彩内容分享到微信朋友圈。图 5-25 所示为微信的 Logo 和 App 界面。

图 5-25　微信的 Logo 和 App 界面

2. 新浪微博

微博，是基于用户关系来分享、传播以及获取信息，通过关注机制对简短实时信息进行分享的一种广播式社交网络平台。用户可以通过 PC、智能手机等多种终端接入，以文字、图片、视频等多媒体形式，实现信息的即时分享、传播互动。

微博基于公开平台架构，提供简单、前所未有的方式使用户能够公开实时发表内容，通过裂变式传播，让用户与他人互动并与世界紧密相连。作为继门户网站、搜索引擎之后的互联网新入口，微博改变了信息传播的方式，实现了信息的即时分享。自 2009 年 8 月上线以来，新浪微博就一直保持着爆发式增长。2010 年 10 月底，新浪微博注册用户数超过 5000 万。2014 年 3 月 27 日，新浪微博正式更名为微博。图 5-26 所示为新浪微博的 Logo 和 App 界面。

3. 抖音

抖音，是由今日头条孵化的一款音乐创意短视频社交软件。该软件于 2016 年 9 月 20 日上线，是一个面向全年龄的短视频社区平台。

抖音的宣传标签是专注年轻人的 15 秒音乐短视频社区。用户可以通过抖音平台实时发布自己拍摄的视频，必要时为视频添加特效、滤镜等操作，结合欢快节奏的音乐，在给视频带来炫酷感的同时，增强了受众的视觉冲击力。目前，抖音日平均活跃量 1.5 亿人、月平均活跃量超 3 亿人，已成为最火爆的短视频平台之一。图 5-27 所示为抖音的 Logo 和 App 界面。

图 5-26　新浪微博的 Logo 和 App 界面

图 5-27　抖音的 Logo 和 App 界面

4. TikTok

TikTok 其实是海外版的抖音，是目前国外市面上最火的短视频软件，几乎每 4 个人就有一个人在用 TikTok。在 TikTok 上的 KOL 营销主要以社交、社会热点及生活话题性内容为主。TikTok 的所有权是属于字节跳动，它是目前国内社交平台在国外发展最成功的社交平台。

目前，TikTok 在全球大约拥有 8.5 亿活跃用户，分布在全球 154 个国家。2020 年，TikTok 应用程序在全球的下载量超过 20 亿次。用户每天打开 TikTok 应用程序 8 次，平均每天在该应用上花费 52 分钟。年龄在 4 ～ 15 岁的年轻人平均每天在该应用上花费 80 分钟。2020 年，TikTok 仅在美国的收入就达到了 5 亿美元。图 5-28 所示为 TikTok 的图标和 App 界面。

图 5-28　TikTok 的图标和 App 界面

目前，各个国有品牌陆续开展海外业务，在推广中也都希望利用 KOL 的影响力来对企业进行宣传。事实上，利用 KOL 进行推广的优势还是很明显的。首先，利用 KOL 的名人效应，可以提升品牌"高大上"的形象，国际品牌形象立现；其次，利用 KOL 制造舆论导向，更有感召力、可信度；此外，随着全球国际化进程的加速，国际化的内容也更容易被受众接受和认可。

可以说，KOL 营销已逐渐成为了海外推广的主流。很多知名企业做品牌出海业务时，都会选择加入这一阵营。KOL 营销也是当今巨大的流量竞争中应该去尝试的一种营销方式。

案例　德芙新年走心短片，致力于情感营销。

德芙作为巧克力界的领导品牌，一直是传递情感的首选佳品，但目前同类市场区域饱和，市场占有率逐步降低。2018 年春节前夕，德芙推出贺岁短片，如图 5-29 所示。

图 5-29　德芙 2018 贺岁短片

在与 IMS 新媒体商业集团合作的过程中，德芙在"双微"平台展开了一场内容营销活动。在短短的 21 天时间里，《一起德芙　年年得福》短片播放量达到 7233 万次，超预估播放量 150%。新浪微博曝光量 8800 万次，互动量 44 万次；微信阅读量 80 万次，互动量 81 万次，成功提高了品牌声量并稳固市场地位，如图 5-30 所示。

图 5-30　双微平台营销活动效果

品牌方选择温婉气质及亲切感与品牌活动传播诉求相匹配的明星 KOL 马思纯作为品牌宣传的主角。首先，以马思纯个人微博账号发布首发视频，引发粉丝关注，进而诱发对品牌的关注，如图 5-31 所示。

优质话题产出后，通过与其他 KOL 合作，在微博和微信上快速传播扩散，如图 5-32 所示。

用户产生的内容（UGC）持续发酵，增加更多平台可视化引流渠道，形成销售闭环。话题互动成功，创造品牌声量，带动情感转换。

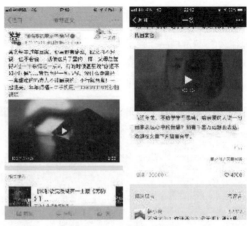

图 5-31 微博首发视频   图 5-32 KOL 协助扩散

5. 喜马拉雅

喜马拉雅是一个音频分享平台。它拥有丰富的音频内容生态。包括最头部的专业生成内容、专家生成内容及用户生成内容；涵盖泛知识领域的金融、文化和历史类专辑，泛娱乐领域的小说和娱乐类专辑；内容上既有音频播客的形式，也有音频直播的形式。

喜马拉雅为内容创作者和用户搭建了共同成长的平台。一方面，创作者用声音分享自己的故事、观点、知识，并因此收获粉丝、成就感或 IP 增值、商业变现的机会；另一方面，丰富的音频内容陪伴用户的每日生活。

截至 2020 年底，喜马拉雅音频总量已超过 2.8 亿条，喜马拉雅全场景月活跃用户达到 2.50 亿人。图 5-33 所示为喜马拉雅的 Logo 和 App 界面。

图 5-33 喜马拉雅的 Logo 和 App 界面

6. 今日头条

今日头条是北京字节跳动科技有限公司开发的一款基于数据挖掘的推荐引擎产品，为用户推荐信息、提供连接人与信息的服务的产品。今日头条基于个性化推荐引擎技术，根据每个用户的兴趣、位置等多个维度进行个性化推荐，推荐内容不仅包括狭义上的新闻，还包括音乐、电影、游戏、购物等资讯。

今日头条可以根据用户的社交行为、阅读行为、地理位置、职业、年龄等信息。5 秒钟之内就能计算出用户的兴趣；通过用户行为分析，在用户每次动作之后，能在 10 秒钟之内更新用户模型。可根据用户年龄、性别、职业等特征，自动计算并推荐其感兴趣的资讯。图 5-34 所示为今日头条的 Logo 和 App 界面。

图 5-34　今日头条的 Logo 和 App 界面

7. 小红书

小红书是一个生活方式平台和消费决策入口。在小红书社区，用户通过文字、图片、视频笔记的分享，记录了这个时代年轻人的正能量和美好生活，小红书通过机器学习将海量信息和人进行精准、高效匹配。

小红书作为一个生活方式社区，其最大独特性在于大部分互联网社区更多地是依靠线上的虚拟身份，而小红书用户发布的内容都来自真实生活。一个分享用户必须具备丰富的生活和消费经验，才能有内容在小红书分享，继而吸引粉丝关注。在小红书，一个用户通过"线上分享"消费体验，引发"社区互动"，能够推动其他用户去"线下消费"，这些用户反过来又会进行更多的"线上分享"，最终形成一个正循环。图 5-35 所示为小红书的 Logo 和 App 界面。

图 5-35　小红书的 Logo 和 App 界面

8. B 站

哔哩哔哩（bilibili），现为中国年轻一代高度聚集的文化社区和视频平台，作为 Z 时代二次元文化的阵地，该网站于 2009 年 6 月 26 日创建，被粉丝们亲切地称为"B 站"。图 5-36 所示为 B 站的 Logo 和 App 启动界面。

图 5-36　B 站的 Logo 和 App 启动界面

　　B 站早期是一个 ACG（动画、漫画、游戏）内容创作与分享的视频网站。经过十多年的发展，围绕用户、创作者和内容，构建了一个源源不断产生优质内容的生态系统，B 站已经涵盖了 7000 多个兴趣圈层的多元文化社区。

　　在内容构成上，B 站视频主要由专业用户自制内容组成，即上传（UP）主的原创视频。为了更好地鼓励 UP 主，B 站已逐步建立起日益完善的扶持体系及上升通道。

　　B 站是国内流量最大的单机独立游戏内容集散地和中国最大的游戏视频平台之一。同时也是国内最大的原创音乐社区之一，聚集着大量音乐创作者，以及热衷二次创作的音乐爱好者。他们的碰撞与互动，激发了越来越多的优质音乐作品诞生。而且 B 站也逐渐成为传统文化爱好者的聚集地，以舞蹈、音乐，汉服等为代表的"国风"内容增长迅速；国风爱好者已超过 4000 万人，其创作者大多是"95 后"。

5.8.2　国外社交媒体平台

　　随着传统营销向社交媒体营销的转变，海外社交媒体 KOL 营销近几年来开始受到企业的广泛关注，越来越多的企业涌入到社交媒体营销的市场中来。由此，KOL 红人营销也盛行起来。利用海外 KOL 庞大的受众粉丝群，通过行业 KOL 在海外社交媒体的口碑传播，企业可以很快地提升其品牌在海外市场的知名度和认可度。接下来具体介绍几个海外主流的社交媒体平台：

　　1. YouTube

　　YouTube 是一个视频网站，早期公司位于加利福尼亚州的圣布鲁诺。注册于 2005 年 2 月 15 日，由美国华裔陈士骏等人创立，其主要功能是供用户下载、观看及分享影片或短片。图 5-37 所示为 YouTube 的网站 Logo 和 App 界面。

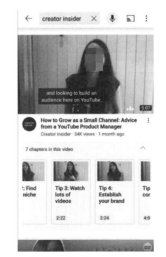

图 5-37　YouTube 的网站 Logo 和 App 界面

　　YouTube 视频网站于 2006 年被 Google 以 16.5 亿美元收购。YouTube KOL 营销主要以视频营销为主，通过视频内容引导用户点击下载或购买产品和服务。截至

2020 年 12 月，YouTube 平台日均视频播放量达到了 50 亿次，日活跃用户有 3000 万人，平台访客日均使用时长为 40 分钟。很多用户都是通过 YouTube 上的 KOL 推荐来寻找到自己所需的产品或服务的。

2. Twitter

Twitter 是企业传播品牌和进入国际市场的一个重要平台。在 Twitter 上，用户将自己的最新动态和想法以短信息的形式发布出来，140 字的推文字数限制在某种程度上提高了该平台的内容质量，文字精练，内容丰富，阅读者的体验得到很好提升，因此备受用户喜欢。Twitter 上的 KOL 营销主要是以热点、新闻、内容营销分发为主。图 5-38 所示为 Twitter 的网站 Logo 和登录界面。

图 5-38　Twitter 的网站 Logo 和登录界面

目前，Twitter 的日活用户为 1 亿人，用户平均每天发布 1.4 亿条推文。在目前 13 亿注册用户的基础上，Twitter 平均每天还新增 46 万个账户。

3. Facebook

Facebook 公司创立于 2004 年 2 月 4 日，总部位于美国加利福尼亚州门洛帕克。主要创始人马克·扎克伯格（Mark Zuckerberg）。Facebook 是世界排名领先的照片分享站点，目前已经覆盖全球 130 多个国家和地区。根据 Facebook 财报显示，其活跃用户数量已经超过 20 亿人。在 Facebook 上的 KOL 营销主要以社交、社会热点及话题性内容为主。

研究显示，Facebook 依旧是社交媒体中各项数据的领跑者。用户在 Facebook 上的日均使用时长是最久的，达到了 58 分钟 / 天。2020 年，Facebook 的用户中有 59％ 在 18 ～ 34 岁之间。Facebook 每天约有 14 亿活跃用户，日均上传照片约有 3 亿张，平台日均视频播放量达到了 80 亿次。图 5-39 所示为 Facebook 的网站 Logo 和图标。

图 5-39　Facebook 的网站 Logo 和图标

4. Instagram

Instagram 是 Facebook 旗下的社交媒体品牌。它是一款运行在移动端上的社交应用，以一种快速、美妙和有趣的方式将你随时抓拍下的图片彼此分享。目前拥有 8 亿多活跃用户，日活跃用户量可达 5 亿。截至 2020 年 10 月，Instagram 每月活跃用户超过 10 亿人，领先大多数社交网站。

基于 Instagram 上的 KOL 营销主要是分享美食、健身、摄影、时尚等内容为主的专业性论坛或者活动。图 5-40 所示为 Instagram 的图标和 App 界面。

图 5-40　Instagram 的图标和 App 界面

5.9　本章小结

社交媒体重塑了社会交往的意识。在社交媒体平台上，开放代替了封闭，协作代替了孤立，社群活动成为人们的基本场景，人们的交往在更广阔的范围内展开。本章重点介绍了社交媒体的相关知识，帮助学生掌握并理解社交媒体的含义和特征。同时对社交媒体的模式、发展阶段、作用进行了讲解。通过本章的学习，掌握社交媒体的概念和功能，加深对 KOL 营销的认识。

第6章 社会化传播

随着互联网时代的到来和社会化媒体的兴起，传播学的发展迎来了前所未有的挑战和机遇，大众传播学陷入了理论困境，社会化传播理论应运而生。

本章将针对社会化传播的相关知识进行讲解，帮助学生了解社会化传播的含义、特征、机制和要素。同时介绍了社会化媒体的特点与作用，并分析了社会化媒体对媒介融合的影响以及社会化传播的发展趋势，帮助读者进一步理解社会化传播的概念和模式。

6.1 社会化传播的含义

技术革命后，接踵而来的总是媒介的革命。在社会化媒体高速发展的今天，传统媒体的影响力已日渐减弱。人们大量的时间被社交平台牢牢占据，获取信息的途径逐渐演变为通过微博分享、微信群、朋友圈这些社会化、辐射式的传播渠道。以微信、微博和抖音等为代表的众多不同形态和模式的社会化媒体，把我们带入到了一个崭新的社会化传播时代。传播者从专业媒体机构扩展到非媒体机构和个人；内容生产模式从组织化到社会化；传播模式从单向大众传播到以社交关系为纽带的互动式群体传播，如表 6-1 所示。

表 6-1 传统传播时代与社会化传播时代的变化

	传统传播时代	社会化传播时代
传播者	专业媒体机构	非媒体机构和个人
内容生产模式	组织化	社会化
传播模式	单向大众传播	以社交关系为纽带的互动式群体传播

社会化传播的兴起是基于人类所在的社会形态发生了变化，人类活动进入到了网络社会。网络社会被界定为在媒介网络中加速组织它的关系的一种社会形式。社会化传播的兴起与形成都是基于这样的网络社会的，而社会化传播的研究也是在这样的社会形态中展开的。

随着智能手机的广泛普及和社会化媒体的迅速发展，信息传播不仅在传播形态上而且在媒介生态上，都有了很大变化。在当今的互联网社会里，任何机构和个人都处在传播的节点上，都可以成为传播的主体。可以说，互联网时代即社会化传播时代。由此可以得出社会化传播的概念：社会化传播是指在互联网连接的虚拟与现实的空间里，任何个体和组织都会形成传播行为，通过各种媒介平台和传播工具的关系转换，进而引发社会资本流动和各种传播活动，如图 6-1 所示。

图 6-1　社会化传播

社会化传播是一个宽泛的概念，强调的是一种弥漫式、辐射式的传播方式，强调每个互联网用户都是传播的一个节点，是一种基于社会化媒体平台，在信源、希望获取信息的受众和信宿之间进行沟通并且实现信息和内容分享的行为。

从微观层面来看，信息不仅数字化而且已经数据化，随之而来是数据挖掘与分析，数据成为社会化传播的"血液"。从中观层面来看，媒体作为一种传统媒介组织形态终将灭亡，取而代之的是集资源聚合、响应需求和创造价值为三大构成要素的媒介平台。宏观层面是生态，这个生态既包括媒介生态也涉及社会生态，由此形成各种共生、互联互通的形态。在这三个层级形成的传播系统里，社交化、智能化以及开放性是它的三大特征，并由此形成权力博弈、制度创新、资本流动和伦理心理等错综复杂的新关系，从而造就形态各异的新媒体和新业态。进而对社会形态起到一定的结构作用。

综上所述，经过从内容到关系，再从传播到连接的转换，关系、连接、平台等成为传播形态的新节点，基于大数据的交往理性、跨学科的协同创新等都会推动人类社会的空间转向与文化转向，并进一步促进社会资本的流动。在此转变和转换中，社会化传播研究开始形成与大众传播截然不同的范式，然而它并没有完全固化下来。

案例　京东"618"年中大促KOL营销投发战役

随着大批的平台和品牌借势"618"推出节日优惠后，如何通过资源选择与内容传播做出与其他品牌有区别的营销事件，保持京东的创立者地位，成为京东每年"618"的重大课题。

在"618"前夕，京东联手 IMS 新媒体商业集团共同完成了"618"年中大促的活动，此次传播的重点有以下几点。

（1）京东主场赋能"共创"超级符号，实现"共赢"。

（2）战略升级打造多元化品类及业务场景，主场实力创造更多惊喜。

（3）再次携手"超级星饭团"，联合助力"火箭少女蓄力计划"。

（4）"情感＋福利"诚意打造亿级互动和回归大众节日。

（5）通过情感共鸣撬动销售。

本次活动以京东自媒体矩阵为营销主阵地，在塑造品牌的同时，引导、告知销售信息。联合相关品牌自媒体进行销售引导，实现与商家间的互利共赢。以"火箭少女"的粉丝为核心，辐射Z世代（95后及00后）泛娱乐人群，同时借势节日，通过感情沟通及节日促销形式，提升京东品牌好感度导流销售，如图6-2所示。

图6-2　传播策略

本次活动以用户粉丝细化的方式传达京东"618"事件，实现事件自然扩散。覆盖微博、微信、抖音、今日头条、快手和朋友圈社群等平台。总原创量32篇，覆盖粉丝16.75亿人，109万互动数量。其中微信公众号"新世相"共计覆盖粉丝130多万人，互动1.7万多人次；"有趣青年"共计覆盖粉丝500多万人，互动2700多人，如图6-3所示。

图6-3　微信公众号传播效果

6.2　社会化传播的特征

随着互联网技术的日益成熟，社会化传播已经成为信息传播的重要渠道，社会化媒介成为人们日常信息传递的主要媒介工具，并发挥越来越重要的作用。从传播和接受方、传播方式、传播渠道和聚合性等角度分析，社会化传播具有以下特征。

6.2.1　界限模糊化

社会化传播是在强调关系与交流的社会化媒体上进行的，由于社会化媒体平台通常庞大且复杂，一般很难快速准确地定位具体的目标群体。因此，社会化传播的目标群体是一个较为模糊的相对概念，其目的是让内容和信息在受众与受众之间的关系中达到时间最长化和空间最大化的效果，核心是利用社交网络创造能够创造其他受众的受众。

每个使用社会化媒体的受众，身份都具有两面性，很难说清楚他们究竟是传播者还是受传者，或者说，他们既是传播者也是受传者。

举个风行汽车与 IMS 新媒体商业集团合作的例子。2018 年 9 月 6 日，某多为时尚达人 KOL 在新浪微博中发表了"给 T5 跑个分"博文，该条微博的总阅读量为 710 万次。微博中包含了产品完整的视频链接，该视频的阅读量也达到了 90 万次，网友在对其进行转发时也夹带着个人的看法与评论，传播了节目本身和个体思想，如图 6-4 所示。

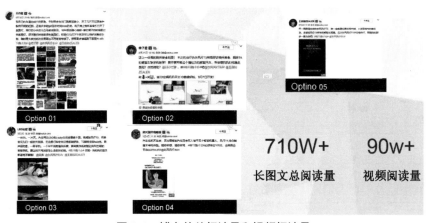

图 6-4　博文的总阅读量和视频阅读量

在传播过程中，传播主体不再单单是发送微博的 KOL，所有参与转发、评论的网友都成为了博文的传播者。在这个层面上，他们既是媒介消费者，也成了内容制造者。

6.2.2　强交互性

社会化媒体提供给传播者和受众双向传播的渠道。不管是早期的论坛、博客，还是现在的微信、微博，留言、评论都是必备功能。传播者在微信公众号等社会化媒体上发布信息，众多网友的评论紧跟信息。网友结合自身的经历有感评论，作者在文后留言区回复并筛选公开。通过评论、回复和公开功能，传播者与受众、受众与受众之间达到了一种交互传播，对彼此提供的信息内容进行了共享及交流。

传统媒体在网络时代最被诟病的是其较弱的交流互通性，越来越多的传统媒体借助社会化媒体拓展与受众之间的交流空间。

6.2.3　连通性

大部分社会化媒体之间都具有连通性，不同种类的社会化媒体平台上的信息、文章、图片或视频，底部或右侧大多有分享到微博、私信和群、微信好友、朋友圈、QQ 的选项，图 6-5 所示为微博平台和微信公众号的分享功能。

微博平台　　　　　　　　　　　　　微信公众号

图 6-5　微博平台和微信公众号的分享功能

传播平台之间有着众多的交互影响，而受众在不同种类的社会化媒体上的传播行为带来了传播平台的连通性。传播者在微信公众号上发布文章。文章中提到了其他多个社会化媒体，还涉及豆瓣评分、Twitter 转发次数、新浪微博的热搜排名、腾讯视频的播出平台等。可见，有关文章的信息出现在众多社会化媒体上，这些信息又相互连通着，互为论证、交互链接。

6.2.4　虚拟群体的形成

社会化媒体的聚合性特征，将看似独立且具有相似特征或相同观点的用户聚集在同一平台，从此形成整体。受众在社会化媒体平台中找到了属于自己的网络社区、用户群体，通过评论、回复、点赞等行为，在社群中实现尊重需求和自我实现需求的满足。

某著名的电子商务平台，通过"帮好友砍 1 刀"活动吸引会员，如图 6-6 所示。形成一个较为庞大的社群，社群成员间的互动也较为频繁。而剥除他们之间关系网的纷繁芜杂，这个社群实质就是以"帮好友砍一刀"活动为基础而形成的。

图 6-6 "帮好友砍 1 刀"活动

案例 轩尼诗"品见初心"活动

每天都在为生活、工作奔忙，有多久没有静下来想想自己，想想身边的人，想想那些对你来说重要的瞬间？轩尼诗 V.S.O.P 与你一同品见初心，一杯醇香干邑，让你放慢匆忙的脚步去重新发现、认识你自己，回味那些对你来说重要的瞬间：街角餐车里美味的小食，凌晨四点办公室同事递来的一杯热气腾腾的咖啡，那个陪你同甘共苦的他（她）……

来轩尼诗 V.S.O.P 初心角落，伴着美食美酒，找回你的初心。

此次活动采用"直播＋回顾"两种形式组合传播，集中用户关注度，不浪费粉丝资源。根据产品的调性及 FWM 核心理念筛选气质、内容都更具格调的 KOL，更精准触达及有效用户，如图 6-7 所示。

图 6-7 两种形式组合传播

在内容的生产上，紧扣整体，采用线上和线下联动的方式产出内容，紧扣主题，突出品牌远景，图 6-8 所示为线下快闪餐车活动。

图 6-8 线下快闪餐车

6.3 社会化传播的机制

社会化传播是依靠人与人之间的强关系进行的信息传播方式，在这样的传播方式之下，社会化媒体需要把各个要素有机地结合起来，使传播过程成为一个有机的整体，传播过程呈现出点面结合的特点。

1. 点对点的传播过程

点对点的传播类似于传播方式中的人际传播，是社会活动中最直接、最常见、最丰富的传播现象，也是人与人的社会关系最直接的体现。同样，对于社会化传播来说，点对点的传播方式依旧是最常见的，并且也成为用户最初的选择和使用社会化媒体的原因之一。

以微信为例，微信出现的原因就是代替了长久以来的手机短信功能，提供了流量计算的信息交流模式。在微信的交流平台上，用户之间可以在交流之前互相确认身份，这样就降低了人际交流的风险。同时用户具有的"主动选择权"可以控制信息传播的私密性，控制用户间关系的强弱。这种一对一、点对点的传播方式，传播形式简单，但是传播内容的针对性极强，同时具有较强的私密性，如图 6-9 所示。正因为"微信是以强大的移动互联功能为支撑的，还有较强的粘贴性用户的社交用户网络平台"这些特点，使微信自面世以来，发展十分迅速，截至 2020 年，微信用户数超过了 12 亿。

图 6-9 信息的一对一、点对点传播

2.点对面的传播过程

社会化传播还具有点对面的传播方式，这种传播方式类似于大众传播，但是根据大众传播的定义（专业化的媒介组织运用先进的传播技术和产业化手段，以社会上一般大众对象而进行的大规模的信息生产和传播活动）来看，社会化媒体间的社会化传播只是一种基于用户间强弱关系的弱大众传播。因为，作为社会化媒体，传播者和受众的界限不分明，受众更有主动关注和选择信息的权利，这样的特性导致信息只在一定的范围内流动，不能够像传统媒体那样大面积传播，同时，由于传播者也能够在社会化媒体中选择传播的范围，所以某一信息的传播范围可以被双向控制，这就是社会网络带来的变化。社会网络是经由友情关系、亲情关系或认识的关系而形成的，网络分析的视角引发了社区概念的变化。社区不再是空间上被界定的地点，而是由网络成员们自己根据归属感和集体认同来划定边界并可以朝任何方向延伸的社会网络。通过社会网络，人们在特定的领域实现聚合、分离、排斥或包容。

"受众主动选择"的情况：以微信的公众号为例，某一个特定的公众号中的更新内容，只会出现在关注该公众号的人群中，而那些没有关注这个公众号的人则不会接收到信息。类似的情况还出现在微博关注、豆瓣小组中，如图6-10所示。

图6-10　豆瓣受众主动选择

"传播者主动控制"的情况：以微信朋友圈为例，信息发布人可以决定该信息的发布范围，即是对所有好友"可见"，或者仅仅对某一分组内成员"可见"，或者是选择对某些人"不可见"，甚至可以做到仅仅对本人"可见"，如图6-11所示。同样的情况还出现在微博中，即微博发布选择"公开""好友圈""粉丝""仅自己可见"等，如图6-12所示。

由此看来，微信与很多社会化媒体一样，存在"选择性"的优势。这些社会化媒体在发布范围、接受范围上存在可选择的余地，即用户可以选择接受或不接受某些内容的权利。在一定程度上，这也是通信技术发展更加"以人为本"的体现。

图 6-11　微信传播者主动控制　　　　　图 6-12　微博传播者主动控制

6.4　社会化传播的要素

人际关系网被视为社会化传播的关键元素，与社会化媒体的发展趋势有关。无论是即时通信的小型关系网，还是在微博，知乎中因内容而形成的兴趣导向的关系网，人际关系网在社会化媒体的早期应用形态中都扮演着重要的角色。在当下发展最为迅速的社交网络与微博中，公开的真实人际关系网是其壮大的基石。

人际关系网点明社会化媒体中的传播不是所谓"所有人对所有人"的漫无目的的传播，而是依附于一定的人际关系网，并且使用者能够建立、扩大和巩固这一网络，如图 6-13 所示。因而我们可以总结出，社会化媒体建立在互联网平等、开放、互动的基础之上，允许用户对内容的创造和交换，依附并能够建立、扩大和巩固人际关系网。

图 6-13　社会化传播依附于一定的人际关系网

1. 社会化传播中网络人际关系的特点

社会化传播介入大众生活以后，给人类沟通带来了新的形式与内容，且在一定范围内改变了人们之间，以及人和社会之间的各种关系，对人们的交往模式、交往范围都产生了影响。社会化传播中的网络人际关系具有以下几个特点。

1）虚拟化与间接性

虚拟、间接和符号化的人际关系是社会化传播的主要特征。同时，交流的空间与范围也可不受时空的约束，过去的沟通局限被突破了，能够使人们之间进行多对一、一对多与多对多地交流。通过互联网络交流，事实上是通过以计算机为载体，以网络为中介来实行信息的传递。

2）自由、平等、开放

从对人际关系的影响范围来分析，与传统社会交往相比，传统社交是与社会阶层的地位、权力、职业和利益相近的。网络社交则没有，网络上的人际交往是虚拟的，在熟人之间能够发生，也可能发生在陌生人之间，不同语言、不同层面、不同地区、不同民族的人之间也能够相互沟通。

3）拥有现代社会和传统社会两种性质

网络中的人格是现实中的人的人格的延续和补充，而且能够更多体现出人的内心世界。网络成为一种能够提供宣泄的渠道，以缓解现实的压力，在网络的虚拟环境里，消除了对自由表达的限制与约束的一些禁忌。在网络沟通中，在双方心理上都没有形成压力，能够一吐为快，使人产生一种自由的轻松感。

2. 社会化传播对网络人际关系的好处

通过社会化媒体传播能够做到同步发送信息，一起共享资料；在获取和发送信息方面与以往相比具有十分显著的优势，社会化传播对网络人际交流的好处如下。

1）形式多样化

人们能够借助网络互发电子邮件，方便了相互的信件交流；也能够借助一些通信工具来实现沟通，如 QQ、微信等；还能通过一些视频直播 App 与其他网友实时聊天。

2）打破了地域的限制

借助于社会化媒体实行人际交流，要比以往的通电话、写信有着更加明显的好处与实用性，只需轻轻按下钮键，就能连上世界所有范围内有网络的地方，世界真正成了"地球村"。

3）交流范围更广

以往的交流方式，用户很难做到在同一时间和处在不同地方的很多人共同交流。比如共同看一场电影或读一首诗时，可以马上看到别人的反应，通过社会化媒体，仅须一台计算机就能实现。

4）交流成本更少

当前除了在买设备，以及网络方面所需投入较大外，网络连接好后的每一次信息传递相比别的传统沟通方式都更为迅速与廉价。

课堂讨论： 了解了社会化传播对人际关系的影响后，试分析社会化传播为网络人际关系带来哪些弊端，并阐述如何规避这些弊端带来的危害。

案例 哈啤"啤酒新说唱H5"活动

结合中国新说唱的大趋势，哈啤与美系潮牌 PONY 合作，联名推出产品，策划制作了"啤酒新说唱 H5"，以答题获奖的形式吸引用户参与，如图 6-14 所示。

图 6-14　H5 传播

"接洽艺 3Bangz"和"满舒克"助力参与音频录制，制作 battle 曲《浪得冒泡》，以内容营销实现品牌声量扩大，促使产品销量上升。

截至 H5 活动结束，日均页面浏览量达到 18 721 次，日均独立访客数 3038 人；上线当天页面浏览量超过 10 000 多次；用户跳出率达 16.05%，平均访问时长为 3 分 40 秒。

6.5　社会化媒体的特点

随着计算机网络技术的飞速发展，社会化媒体得到了长足的进步，打破了传统 Web 网络以信息内容为中心的传播方式，把用户推向主导地位。任何一个用户注册后均可以成为信息的创建者、发布者、传播者。这种新的社交网络形态迅速获得了空前的用户量以及影响力，许多企业和运营商也从中发现和获取了巨大的商机。

社会化媒体区别于传统媒体的地方在于它带给用户强烈的参与感和极大的参与空间，它在满足用户存放个人基础资料的同时，还满足了用户"被人发现"和"受人崇拜"的心理感受需求，满足了用户"建立关系"和"发挥影响"的需求。社会化媒体通过把文本、图片、视频和传统内容混搭处理来进行互动，建立"联系"，生成"意义"。

社会化媒体是指允许人们撰写、分享、评价、讨论、相互沟通的网站和技术，是彼此之间用来分享意见、见解、经验和观点的工具和平台，现阶段主要包括社交网站、微博、微信、博客、论坛、播客等。社会化媒体的两大构成要素是自发传播和人数众多。

随着互联网技术的不断发展，社会化媒体形成了以综合技术为基础架构，以博客、微博、社交网络、视频分享、维基百科等各类表现形式，强调用户参与、分享及互动的新型媒体形态。图 6-15 所示为社会化媒体的特点。

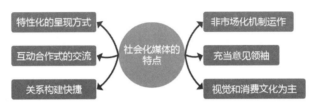

图 6-15　社交化媒体的特点

1. 特性化的呈现方式

法国哲人蒙田曾说过：“在这个世界上，没有任何两个人的意见是完全相同的，正如两根头发，两颗谷粒都不尽相同，差异性是他们最普遍的个性。”在 Web 2.0 时代，人们不再满足于被动地在计算机前阅读各类信息，而是通过开通个人的微博、微信公众号和抖音等形式，人们开始开创属于自己的意见平台。在网络经济时代，个体可以更好地诠释个人自身的价值，每个人可以自由地与他人进行互动、协作，人们不再像过去那样作为市场的参与者而受制于价格体系的束缚。

2. 互动合作式的交流

社会化媒体弥补了传统媒体语境的缺失，不管是在口头文化还是在印刷文化中，信息的重要性都在于它可能促成某种行动。在 Web 2.0 时代，人们由传统的被动型消费者，演变成生产者与消费者的混合体，每个人都可以在网上发起一项活动，发动所有对活动感兴趣的人参与进来，共同协作，保证活动的进行。

3. 关系构建快捷

人们在生活中常会发现，由家人、好友构成的强关系在工作信息流动过程中起到的作用很有限，反倒是那些长久没有来往的同学、前同事，或者只有数面之缘的人能够提供有用的求职线索。社会化媒体的最大特点就是可以方便快捷地为人们提供关系的链接与管理。通过社会化平台工具，每个人开始热衷于打造以自我为节点的社交网络图谱。人们已经不再被动地去看新闻，而是通过微博及好友的推荐来了解周围感兴趣的事情并参与讨论与行动。

4. 视觉和消费文化为主

当代文化正在变成一种视觉文化，而不是一种印刷文化。在现代社会，声音和视频，尤其是后者，重构了美学，统率了观众，在一个大众社会里，这几乎是不可避免的。网络为人们提供了能看见和想看见的事物，在移动互联网时代，人人都能够成为一个自媒体的平台，随时记录当下的影像并上传至网络，随时与众人分享，并引发新一轮的拍摄、上传行为。

5. 充当意见领袖

意见领袖不是一般意义上的领袖，往往是普通人，只在传播活动中扮演了领袖的角色。意见领袖只是在其具有特长的领域里充当领袖，指导他人。通过社会化媒体平台，人们可以抛掉现实中的面具，积极参与各项议题的讨论。但是讨论的最终结果往往被极少数的领袖人物所左右。意见领袖往往对自身所在的群体具有较强的影响力，在品牌和消费者之间充当着重要的桥梁作用。他们的一举一动，对于追随者将产生重大的示范效应，未来网络将进入意见领袖为代表的影响力时代。

6. 非市场化机制运作

非市场化是当今信息经济的一个重要的特点。所谓的非市场化机制就是不再依靠所有权策略来界定产品的归属，在网络经济时代，高效的信息产品在脱离了实物产品的制约后，人类的创造力与信息产品自身的经济性成为网络经济时代的核心架构。通过网络，每个人都能够轻易地同成百上千万人自由地交流与沟通，可以轻松地进行各种分享与互动，从而产生各类新的信息化产品，这些产品都是没有所有权限制的，大家都可以共享。人们不求任何经济上的回报，更多的是为了得到一种满足感与认同感，这是一种新型的馈赠经济。如何在新的市场机制中把握先机，将是社会化媒体企业的创新根源与动力所在。

正因为上述特点的呈现，社会化媒体在当下具有广泛的应用空间及良好的发展前景，如何将社会化媒体的特点及优势加以利用，为信息传播服务，是未来媒体人应当考虑的重要问题，同时也是社会化媒体的职责所在。

6.6　社会化媒体的作用

随着互联网技术的不断发展以及社会化媒体的迅速崛起，人们通过社会化媒体宣传自身形象和开办相关业务的境遇都得到了很大的改善。人们逐渐将越来越多的宣传精力和财力投入到网络中，其中社会化媒体便是人们最常用的工具之一。

人们加入社交网站，频繁利用社会化媒体与大众进行直接交流，并通过这些社交网站，在短时间内号召大量的网民评价某一实践，或对某项新的政策提出自己的看法，甚至直接与网民进行在线交流。这种前所未有的宣传方式不仅得到了满意的宣传效果，同时还能提升在公众中的亲和力。具体而言，社会化媒体在传播中有以下几点作用。

6.6.1　推动社会公益活动

社会化媒体对于促进当今社会公益活动的发展有着重要意义。社会化媒体的传导机制可以直接对社会产生积极的影响，当这种机制作用于公益行动时，还可以间接影响经济活动和社会活动。发起和参与的媒体既可以获得社会效益，又能取得经济效益，并在宣传和推动社会公益的同时，带动公众对于公益活动的认知，进而在整体上促进社会进步。社会化媒体对公益活动的影响具体表现在以下几个方面。

1. 非政府公益组织在社会化媒体中的定位和参与方式

目前，越来越多的非政府组织选择在网络平台上宣传自己的方针和策略，将其工作指南与备忘录也向公众展示，以期通过社会化网络的交互宣传，将更多的公益化理念带到网络社区当中。因此，网络化的传播对于公益事业的发展有着巨大的促进和推动作用。譬如，豆瓣上的"联劝公益"小组发起的"'小屋快走'关注流动儿童公益定向赛"公益活动，如图 6-16 所示。尽管真正的响应者依然有限，但是比起单纯的公民自行性的公益参与，则更多地体现了社会化媒体在公益活动中的发展。随着社会化媒体的不断深入发展，相信公益事业也会随之得到长足的发展。

流动儿童在成长

在宝藏小屋，4元就能帮助1位流动儿童度过快乐的1天。

 　扫码报名定向赛
　为流动儿童的快乐成长出一份力

图 6-16　"小屋快走"关注流动儿童公益定向赛

2. 政府所倡导公益行为的宣传和引导作用

公益活动的内容包括社区服务、环境保护、知识传播、公共福利、帮助他人、社会援助、社会治安、紧急援助、青年服务、慈善、社团活动、专业服务、文化艺术活动和国际合作等。社会公益事业也就是包括全社会公共利益的事业，在一定程度上能够影响人们的生活习惯，提高个人的思想道德素质。

在信息时代，社会化媒体对于公益化事业的推动是全方位的，它既调动了公众的参与热情，也宣传了公益行为主体的形象和主导作用，在今后的社会秩序维持中，公益行为将发挥更大的作用。

目前，全国各地交通微博的开放，使民众的参与热情和建言均得到了提升，图 6-17所示为北京市公安局公安交通管理局官方微博。政府部门微博的开放，也让我们看到了社会化媒体在这方面所具有的更好的引导性及推动作用。

图 6-17　北京市公安局公安交通管理局官方微博

6.6.2　增强民族的凝聚力

民族凝聚力的不断增强需要不断完善经济制度和政治制度，还需要有能够促进各民族间文化交流的平台，而社会化媒体在其中能起到至关重要的作用。

1. 社会化媒体是传统文化爱好者的聚集地和传播地

社会化媒体作为新兴传播媒介已成为信息时代不可或缺的传播工具，这为传统文化的保存、传承与创新提供了新机遇和新途径。积极利用网络文化所提供的信息化手段，将传统文化作为内容，将数字化作为载体，用新的传播方式、先进的文化手段去推动传统文化的发展，有助于增加人们对传统文化的接触和感悟，进而从多方面深化人们对传统文化的了解。因此可以说，社会化媒体是传统文化爱好者聚集和传播信息的最佳选择。传统文化与新兴媒体一道共同担负着传承民族文化的使命。

2. 新时代下文化的融合与进步

网络文化是一种超地域、超现实的虚拟文化，是具有娱乐休闲性质的文化，是一种具有工具理性的文化，是一种媒介符号型文化，也是一种价值解构的文化。网络文化是维护文化安全的新领域。网络可以凭借技术优势轻松打破时空、民族、地域的限制，促进各民族间文化的传播，增进各民族间对彼此文化的了解，增强民族凝聚力。比如，豆瓣网主要是以书评和影评为特色的，它是一个集博客、交友、小组、收藏于一体的新型社区网络，如图 6-18 所示。在这里，来自不同地区的人们可以组建小组，讨论共同感兴趣的话题，以增进世界各地区人们的彼此了解，推动民族间文化的融合。

图 6-18 豆瓣网"豆瓣读书"首页

6.6.3 构筑良性的网络交流平台

社会化媒体对于构筑良性的网络交流平台具有重要的意义。社交网络实名制的出现无形中营造了一种网络秩序,它充分利用人们之间的群体认同感和心理信任机制,使人与人在一个近乎真实的网络社区中交往更加容易。比如,可以通过搜索的方式在网上找到失散多年的朋友,也可以找到跟你同名同姓的人等。但是,随着社会化媒体的不断发展,社交网络实名制的网络社区的一些网络伦理价值问题开始凸显,如社交游戏中出现了带有人格侮辱、崇尚暴力、拜金主义倾向的词语,这就要求人们必须通过自律等形式来引导这个平台向着健康的方向发展。

综上所述,社会化媒体在 Web 2.0 时代具有非常优越的宣传功效,在互动和信息传递上具有比以往传统媒体更便捷的优点。它可以更好地体现自己的特性,对工作目标的达成有促进作用。

案例 娱乐营销案例

2019 年 1 月 4 日 17:30 时,明星通过微博 weibo.com 端口发布商业微博,推广微博以视频的形式发布,如图 6-19 所示。文案结合话题引出产品特点,给产品带来了直观推广效果;品牌宣传的同时为明星带来高搜索量,为本次推广的双赢效果奠定了基础。该微博发布后,阅读量达到 8 742 754 多次,互动量达到 31 480 多次。

2019 年 1 月 25 日 12:00 时,明星通过微博 weibo.com 端口发布商业微博,推广微博以视频的形式发布,如图 6-20 所示。文案 @ 明星好友,结合话题,配合电影热度引出品牌信息;在品牌宣传的同时为明星带来高搜索量,为本次推广的双赢效果奠定了基础。该微博发布后,阅读量达 9 516 079 多次,互动量达到 15 892 多次。

图 6-19　浦发银行"探索真我"营销

图 6-20　肯德基"新年第一桶金"营销

6.7　社会化媒体对媒介融合的影响

对于传统媒体来说，媒介融合本质上就是传统媒体的新媒体化过程，即传统媒体逐渐被新媒体所融合的过程。媒介融合的过程，伴随着传播者与受众的融合，这个融合是以受众的角色转型为基础的。社会化媒体在整个融合过程中扮演着一个重要的角色，其对媒介融合的影响有以下几点。

1. 用户成为融合的内源性动力

媒介融合是建立在新媒体的传播模式基础上的，在这个传播模式里，受众的角色是基础性的。媒介融合最终能否顺利实施，与用户自身的诉求动力有关。用户并不只是一个被动的享受者，而更多的是参与者与推动者。只有用户有了融合的愿望和行动，媒介融合中的市场融合才能得以实现，而市场融合将反过来推动业务的融合与机构的融合。与来自行政指令和媒体本身的力量不同的是，通过社会化媒体释放出来的用户的力量，会直接作用于市场，对于媒介融合进程来说，它们也是一种自下而上的、内源性的动力。

1）"受众"向"网络节点"的转化

社会化媒体是基于用户社会关系的内容生产与交换的平台。社会化媒体是内容生产与社交的结合，也就是说，社会关系与内容生产两者间是相互融合在一起的，社会关系的需求促进了社会化媒体平台上的内容生产，反过来，这些平台上的内容也成为连接人们关系的纽带。

社会化媒体平台上的主角是用户，而不是网站的运营者。当社会化媒体日益普及，影响日渐深化时，整个互联网的构成基础与传播机制也发生了变化。过去，作为媒体的互联网的基础单元是由网页承载的内容，而今天的互联网（包括移动互联网）中，人取代内容，成为互联网的基础单元，这个基础单元是以网络节点的形式存在的，每一个用户作为一个节点，都可能对整个网络施加自己的影响，如图 6-21 所示。

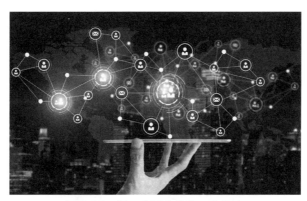

图 6-21　每一个用户作为一个节点

每一个网络节点，都是传播路径中的一个开关，它的"开"或"关"决定了信息的流动或者停滞，从而影响到信息的传播范围。一条信息能否在网络中广泛传播，取决于它能得到多少个节点的响应。这样一种机制在某种意义上是一种信息传播中的"全民公决"。作为网络节点的用户，每一个人也是一个传播中心。每一个节点都具有信息的发布和信息的获取双重功能，人际关系网络成为双向的信息传播通道。进一步而言，今天的互联网，人际传播渠道成为了大众传播的基础设施，整个互联网的信息传播日向以个人为中心的、以关系链条为渠道的网状传播演变。

因此，"受众"角色的变化，不仅仅是成为了"用户"，更重要的是成为"网络节点"。未来媒体产品和服务的设计，需要建立在这样一个认识前提上。融合产品的开发，尤其需要考虑到如何激发"网络节点"的融合动力与融合行为。

2）"社交"行为成为催化剂

虽然媒介融合促进了媒体产品种类的丰富，以及各种产品和渠道之间的互动，但是，缺乏用户这一核心力量参与的所谓的融合，仍然只能是物理性的"叠加"，很难产生真正的"化学"反应。而媒体业务化学性融合的一个重要催化剂，是用户的"社交"行为。

媒介融合的基础是多重媒体平台的互连和产品的互通，这不仅是传输渠道的连通，也是内容与服务在多个终端、多个平台的重复，更多的是各种渠道与终端中的内容的自由流动、相互激发，是多种服务的有机关联、相互补充。其中，社交是一个重要的连接器与触发器。而社交活动的主体，是用户。微博、腾讯和抖音等平台，本身就是基于人们社交需求开发出来的产品，它们逐渐向多种功能辐射，直至演变成为一个包含多种内容产品与服务产品的平台。这些平台自然促成了传统媒体与新媒体的融合。

和正在变革中的新媒体一样，媒介融合也是以人为核心的融合，而"社交"与"关系"，又是人们在新媒体平台上的需求与活动的核心。因此，媒介融合的实现，媒介融合过程的深化，取决于媒体对于社会化媒体及"社交"元素的认识和利用程度。

案例 **媒介融合在社交电视上的实践**

社交电视是将社交媒体同电视进行无缝结合，让电视成为社交媒体的重要终端。图 6-22 所示即为一款社交电视产品。社交电视的目的很简单：让身处不同地方的电视观众能够方便地共享和讨论他们正在观看的电视节目。这样，观众既可以评论热播电视剧的下一季，也可以一起庆祝一场球赛的胜利等，用户也可以更容易地找到想看的节目。

图 6-22　社交电视

社交电视的兴起，也证明了社交行为、社交平台对传统媒体转型的推动意义。社交电视的出现，改写了传统电视中的"互动"的概念。它将传统的传播者与受众的互动，拓展为受众与受众之间的大规模互动，将"用电视"中的"用"的含义，扩展到了社交这样的层次。

观众基于电视节目的社交活动，可以深挖节目的信息与线索，使节目更富有内涵，社交活动也可以成为节目的二次传播或口碑传播的重要动力。社交电视，也导致了电视生产模式、节目效果评估模式、广告模式等一系列变革。社交活动在电视与新媒体之间"穿针引线"，在改造电视的同时，也带来了电视与新媒体的自然融合。可见，社交元素的确可以作为媒体融合的黏合剂。传统媒体产品的数字化转型，必须把用户及其社交需求、社交活动，作为一个重要的因素来考虑。

3）UGC 驱动融合市场格局演变

用户的社交和关系需求，带来了内容的生产与传播，也带来了 UGC 的兴起。在新媒体时代，内容生产已经不是传统媒体或专业机构的专利。今天新媒体用户所获取的内容，大部分都来源于 UGC。UGC 对传统媒体生产的内容起到了很好的补充作用。同时，UGC 对相关网站或社会化媒体平台的流量和用户规模起到了拉动作用，从而影响到整个新媒体市场的影响力格局。

2. 媒体"入口"的社交化和私人化

各种传统媒体曾经是人们进入信息世界的入口，无论人们选择哪家报纸、哪个电视频道，这些入口都是公共化的。互联网的门户时代，门户网站也仍然是大众化的入口。而社会化媒体的普及，使人们进入信息世界的入口变得个性化甚至私人化。在传统门户时代，受众处于被动地位，在信息框限中接收信息。社会化媒体改变了传播格局，开启了"个人门户"，个人可以成为信息的窗口，经营自己的信息平台。

今天的互联网市场，人们的需求主要体现在内容、社交和服务三个方面。社交是人们需求的基础，也是各种产品的基石。即使是内容的入口，由于一些新技术的应用，入口也会变得更为私人化。

以今日头条为代表的机器算法，根据个人阅读需求与爱好进行"个性化信息推荐"，媒体入口又体现出"私人化"。所以，媒介市场融合的竞争，不仅在于内容，更在于社交性、私人化的入口争夺。对于融合后的市场来说，社交性、私人化的入口的竞争，是市场竞争的核心。

因此，对于媒体机构来说，不能只在媒介融合市场内容产品领域寻找优势，更要在社交性、私人化的入口争夺中获得有利的位置。尽管今天的媒体也在极力地利用社会化媒体进行自己产品的二次传播或营销，但是，如果不把社会化媒体上升到"入口"的战略地位，不能在这个层面上去思考如何进行产品的未来布局，那么，传统媒体未必能够赢得足够的话语权。

3. 传播效果评价体系的转变

媒介融合时代，社会化媒体是媒体传播最重要的新渠道，社会化媒体中的传播特别是基于社交动力的传播，是跨平台传播的推动力量。因此，媒体传播效果的评估体系，也必然要将社会化媒体平台的传播状况作为一个新的指标纳入。

"索福瑞电视收视率""微博收视指数"等都是借助社会化媒体对电视节目讨论量及用户规模等进行规范统计，此外，它的出现也使传统电视广告的投放风向标有了改变，仅靠内容或黄金时段投放广告的模式将淡化。传统电视收视率，只通过电视这一个屏幕来反映，而这个收视率，无疑也成为了广告投放的主要依据之一。但是，当社会化媒体里关于电视节目的分享、讨论成为收视指数的一部分时，电视广告的投放，将会参考电视台或电视节目在社会化媒体中的影响力。因此，仅仅只是靠内容或黄金时段来投放广告的模式将被淡化，社会化媒体里的品牌塑造与节目营销效果，也将成为吸引广告客户的重要依据。

与此同时，社会化媒体平台也会获得更多的广告来源，它们会分流电视的广告客户。电视台的广告竞争对手，将不仅是同行。如何在社会化媒体平台上继续争取广告客户，如何在社会化媒体平台上找到新的营利模式，将是电视台未来需要探索的问题。对于电视以外的传统媒体来说，通过社会化媒体的传播效果指标来推动转型与融合，也是一个发展方向。新的传播效果评价体系会成为一个风向标，引导传统媒体在追求更好的传播效果目标下顺应市场需求完成媒介融合趋势下的业务转型。

4. 用户分析的"大数据化"

社会化媒体不仅使传播效果的衡量指标发生了重要变化。也推动了用户分析的手段与思维发生根本变革。由于社会化媒体积累了大量用户数据，使利用大数据进行用户分析成为现实。

对用户分析的方法有以下几个。

1）对整体用户进行全样本、跨平台分析

与抽样调查相比，这种方法获得的数据更全面，更具可靠性。

2）对群体用户进行细化分析

除了人口统计学属性，大数据将用户的各种指标特征与态度、行为，甚至是价值观偏好等关联起来，进行群体画像，这对于社群化营销是一个很好的方法。

3）对于个体用户的精准性分析

对用户进行追踪、记录，采用个体画像手段对个体进行定位。采用这种方法需要注意，不要造成对受众隐私权的侵犯和数字遗忘权的侵犯。

6.8　社会化传播的发展趋势

随着互联网技术的日益成熟，社会化媒体对传播产生了越来越深刻的影响，其具有以下几点发展趋势。

6.8.1　功能与内容的融合

社会化媒体平台的运营模式包含三类，分别是用户创造内容、平台功能和社会化商业的融合模式。在这三种运营模式中，社会化商业的融合模式最容易使品牌主与用户之间产生有效的互动，如图 6-23 所示。

图 6-23　社会化商业融合模式

这三种运营方式并没有十分清晰的界限，将其融会贯通，能够更好地最大化各平台的资源。

平台的功能及运营方式虽然在不断更新，但其更新速度与多样性却远远低于优质内容的爆发力和影响。现在的社会化媒体，内容的创造并不仅仅局限于媒体或KOL 的引导，很大一部分来源于网民自身的原创内容或对主流内容的再创造。平台功能的丰富能够很好地提升用户的体验，可以以此来增加用户的使用频次和时长。如今，跨平台的流量转化和粉丝沉淀已经成为常态。例如，博客和视频等平台与电商平台的融合，游戏平台与视频及 BBS 社区的融合等。

6.8.2　对即时满足的需求

在现今的社会化媒体中，商业与社交在数字化媒体领域密不可分。消费者对于品牌的认知体验和购买行为，从早期单一的广告推送到购买，发展到如今的多渠道实时互动，包括接触、体验、购买和反馈等。这个实时互动的过程没有明确的起始点，但其核心是服务消费者对即时满足的强烈需求。如今的消费者对于商品价格的敏感度降低，更多的是追求产品的个性化以及购物过程的参与和体验。所以，社会化商业中的快速销售能力便显得尤为重要。

如今，很多平台已经提供了简便的渠道以适应日益增长的快速销售需求。如微博或视频网站出现的电商导向链接，视频直播网站基于主播导流的电商模式和虚拟礼物打赏分成模式，问答网站和音频网站等的知识内容付费，都是快速销售的方式，如图 6-24 所示。

图 6-24　视频直播网站基于主播导流的电商模式

与早期互联网的起步阶段相比，现今的互联网平台上的大众，更乐于为娱乐付费、为知识付费。所以，满足即时需求的能力，也将会成为一种平台指标。

6.8.3　泛娱乐化

这里所说的泛娱乐化是指消费者对于内容娱乐化的喜好。不论是传统意义上的新闻发布，还是社会热点话题的讨论方式，消费者会更乐于接受轻松幽默的呈现方式。包括自黑、搞怪、卖萌等风格，都是泛娱乐化的直接体现。

例如当今最火爆的社交媒体内容之一的娱乐 IP。一个品牌可以作为一个 IP，一个人物角色可以作为一个 IP，一个故事也可以作为一个 IP。品牌可以在不同平台与 IP 以多种形态"合体"，创造出消费者吸收品牌信息，与品牌互动的全新途径。

再如，电视新闻报道某知名流量明星违法被抓时，引发了大量网民和 KOL 的跟风讨论。该新闻被热议，并不是因为新闻本身，而是大众在使用各种幽默的方式来解读新闻及其背后的故事。也就是说，消费者本身也是娱乐化内容的积极创造者。

6.8.4　KOL 的专业化与话语权

KOL，即 Key Opinion Leader（关键意见领袖）。我们所指的 KOL 既包括有独特个人魅力的名人及网红，也包括以账号形式存在的自媒体。随着影响力的上升和内容更新及品牌合作的扩大，每一个成功的 KOL 账号都需要一个专业的团队支持，而不再仅仅是草根阶段的个人推送。

一线 KOL 要拥有比较鲜明的个性特色和核心内容来吸引固定的忠实粉丝群，同时，他们也在积极地把自身的影响从单一社交媒体平台向多平台、多方位的内容展示及深度品牌合作的方向推进。图 6-25 所示为网红经纪公司的多平台、全方位推进方向。

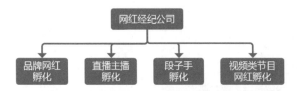

图 6-25　网红经纪公司的多平台、全方位推进方向

如今，KOL 已经演变成众多品牌的前沿销售力量。他们通过创意内容的使用，更自然地进行品牌推广，激发受众的好奇心或共鸣，最终提高品牌印象或购买意向，并将目标客户引入电子商务渠道，及时将流量转化成实际购买行动。广告主与 KOL 的合作方式也从甲方至乙方的单向传递，转变成为广告主与 KOL 间的双向交流，从而共同创造适于 KOL 个性的，且富于吸引力的内容。

案例　著名微博自媒体KOL@数码君

目前，"@数码君"的微博粉丝有 344 万多人，是数码科技圈的资深玩家，是前太平洋电脑网专业编辑、互联网资深观察家。他在新浪看点、一点咨询、网易、凤凰、搜狐、百度、UC、秒拍等各大自媒体平台都拥有较强的影响力，如图 6-26 所示。

图 6-26　@数码君微博账号

该博主曾获得"微博数码十大潜力大 V 榜"第三名，"克劳锐自媒体价值排行榜"第四名，"2017 年度视频播放量"前十名。并曾多次登上微博数码的十大潜力大 V 榜和影响力榜，影响力不容小视。

该博主粉丝互动黏性较高，在微博上主要分享的内容包括数码知识、各品牌手机、平板图赏、为粉丝提供新鲜数码信息。同时也会分享生活见闻，如图 6-27 所示。

图 6-27　博主分享内容

该博主选择与自己本身调性相同的数码产品合作，以长图文的方式，先后与黑莓、小米、一加、华为等科技产品合作营销，获得了较好的传播效果，如图 6-28 所示。

图 6-28　与科技产品合作营销

6.8.5 智能互动

近年来，随着 AR、VR 和 AI 等智能技术的发展，许多平台也在引进这类技术，作为将来平台与网民互动的新型手段。不论是服务型的 AI 平台机器人，还是使网民拥有更多感官感受的 VR 技术，或是将虚拟信息应用到真实世界的 AR 技术，都能够让品牌主和平台与网民之间进行更直接的互动。

智能技术的推进无疑会提供更多形式的互动。而内容的吸引力及营销的精准性，才是增强粉丝黏性的基本。现阶段，智能搜索平台已经引入了社会化媒体内容。根据不同消费者对于各类场景的偏好，相应的搜索结果也会不同。例如一位拥有两个孩子的母亲和一位繁忙的女企业家，在搜索某个城市的酒店时，所接收的精准推送内容会有很大区别。这是根据她们在各种社会化平台上留下的足迹来进行筛选的。

✎ **课堂讨论**：在了解了智能互动技术优点的同时，试分析未来智能互动技术给人们带来那些困扰。

6.9 本章小结

本章主要讲解社会化传播的相关知识，帮助读者了解社会化传播的含义、社会化传播的特征、社会化传播的机制和要素，同时针对社会化媒体的特点与作用、社会化媒体对媒介融合的影响和社会化传播的发展趋势进行了讲解。通过本章的学习，读者应掌握社会化传播的概念和功能，加深对社会化媒体传播的认识。

第7章 社会化传播的流程与管理

随着互联网的迅速发展，社会化媒体时代也正式到来。与电视、报纸、广播等传统媒体相比，网络媒体的传播速度更快、传播范围更广，产生的影响也就更大。了解社会化传播的流程与管理，有助于加强互联网的内容建设，完善社会化的媒体监督管理体系，营造文明清朗的网络空间。以上这些是维护社会稳定的内在要求，也是规范网络行为的客观要求。

本章将针对社会化传播的流程与管理的基础知识进行讲解，帮助学生了解传播流程的含义和特征，掌握传播管理的概念、原则，并熟知社会化传播的传播模式和管理创新，掌握传播效果的产生过程和评价模型，帮助读者深层次理解社会化传播的概念。

7.1 传播流程的含义

传播流程是指由大众传媒发出的讯息，经过各种中间环节，"流"向传播对象的社会过程。一个基本的传播流程中包括传播者、受传者、讯息、媒介和反馈等元素，如图 7-1 所示。

图 7-1 传播流程中的元素

1. 传播者

传播者，又称信源，指的是传播行为的引发者，即以发出讯息的方式主动作用于他人的人。在社会传播中，传播者既可以是个人，也可以是组织或群体。

在传播流程中，传播者通过符号来传达他所要表达的意义，亦即从事符号化操作。然而，传播者的意义并不总是能够得到正确地传达，作为符号化过程的结果而形成的符号系统（文本）未必能完全代表传播者的本意。

2. 受传者

受传者，又称信宿，即讯息的接收者和反映者，传播者的作用对象。作用对象一词并不意味着受传者是被动存在，相反，他可以通过反馈活动来影响传播者。受传者同样可以是个人，也可以是组织或群体。传播者和受传者并不是固定不变的角色，在一般传播活动中，这两者能够发生角色的转换或交替。

3. 讯息

讯息指的是由一组相互关联的有意义的符号组成，能够表达某种完整意义的讯息。讯息是传播者和受传者之间社会互动的介质，通过讯息，两者之间发生意义的交换，达到互动的目的。

4. 媒介

媒介，又称传播渠道、信道、手段或工具。媒介是讯息的搬运者，也是将传播流程中的各种因素相互连接起来的纽带。现实生活中的媒介是多种多样的，邮政系统、大众传播系统、互联网络系统、有线和无线电话系统都是现代人常用的媒介。

5. 反馈

反馈，指受传者对接收到的讯息的反应或回应，也是受传者对传播者的反作用。获得反馈讯息是传播者的意图和目的，发出反馈讯息是受传者能动性的体现。反馈是体现社会传播的双向性和互动性的重要机制，其速度和质量因媒介渠道的性质有所不同，但它总是传播流程不可或缺的要素。

案例　芋嘉初始用户推广项目

"芋嘉"于2019年初推出专注于头皮护理的新产品"芋嘉头皮肌活液"，2019年初正式入驻天猫。但作为单价较高的头皮洗护新品牌，声量严重匮乏。

为助力品牌造势，展开一系列新媒体营销活动，策划"万人试用"的新品上市事件，在微博发起"101头号锦鲤pick me"活动。在利益驱动下，使很多人关注新品UGC产出，产品借助多平台达人社交影响力扩散，拉升了活动和话题热度，形成了热点事件，打开了品牌知名度，建立了品牌初始用户。

传播节奏

第一阶段：上市前预热曝光，在小红书上发布"素人头皮黑科技产品体验"，曝光产品，种草预热，如图7-2所示。

图7-2　上市前预热曝光

第二阶段：上市期活动引爆，全网种草，在微博、微信、小红书上招募首席试用官，发布体验实用报告，并通过微信社群活动引流，如图7-3所示。

图 7-3 上市期活动引爆

第三阶段：延续期间，品牌沉淀，在微博上公布活动获奖名单，通过微信案例包装进一步扩大推广效果，如图 7-4 所示。

图 7-4 微信案例包装

整个活动在小红书上曝光量达 200 多万次，互动量 4 万多；微信曝光量 20 多万，点赞量 2200 多，使产品迅速打开市场，获得满意的推广效果。

7.2 传播流程的特征

了解了传播流程的含义及基本构成要素并分析了几种有影响的过程模式后，从这些描述和分析中，可以观察到传播流程具有以下特征，如图 7-5 所示。把握这些传播流程的特点，有利于我们进一步探索人类传播活动的规律性。

图 7-5　传播流程的特征

1. 动态性

传播流程的运动特征在形式上体现为有意义的符号组合（讯息）在特定渠道中的流动，在实质上则是传播者与受传者的意义或精神内容的双向互动，即作用与反作用。

2. 序列性

这种序列性表现为传播流程中各环节和因素的作用各有先后次序，按照讯息的流向依次执行功能。我们不能设想传播双方同时向对方发送讯息的情况，一环扣一环的链式连结是传播流程序列性的体现。

3. 结构性

传播流程的结构即该过程中的各要素、各环节之间的相互关系的总和。时间上的先后次序、形态上的链式连结也是这个过程的结构特点。除了总体结构以外，传播流程中的各环节或要素本身还有各自的深层结构，如传播的传播和接受双方都是译码者、释码者和编码者的统一体，讯息则是符号和意义的统一体。

7.3　社会化传播模式

传播主体在社会化媒体平台的表现和行动，是在其所处的社会环境、所属的群体、认知结构和使用动机等因素共同作用下的结果。正是在社会结构性因素和个人主体性的双重作用下，传播主体在社会化媒体上选择生产讯息，向特定的对象分享内容，进行互动和反馈，或者用户可以不做出具体行为而选择围观。在社会化媒体时代，围观也是一种行为。创造、分享、围观、互动和反馈行为往往是互相联系、多样并行的，其共同交织形成了社会化媒体的使用模式。

社会化媒体赋予每个人创造并传播内容的能力。社会化媒体具备不同于以往的新的讯息传播模式。接下来从传播方式和传播路径两个方面来分析社会化媒体的传播模式。

7.3.1　以关系为中心的传播方式

在传统的大众传播模式中，讯息由专业机构进行规模化生产，并以广播的形式自上而下地传送给受传者。然而，社会化媒体赋予了主体间平等的话语权，讯息传播过程由单向流动转变为双向对话。

在开放性的对话空间中，用户通过无处不在的媒介工具进行社会互动和社会交往，从而满足身份认同和自我实现的需求，这既发挥了用户的自我主体价值，同时也可建立起个人的社会关系网络。在此过程中，传播主体间的互动由讯息内容的互动转变为以象征性符号为介质的关系互动。用户通过互动建立并维护关系，形成了一个个基于关系的社会化网络。

用户在传播互动中形成的关系网络可分为强连接关系和弱连接关系。强连接关系是一种极为稳定但传播范围有限的关系网络，需要长期维系，属于情感取向，讯息相关度高。弱连接是一种不够坚固但传播效率高、传播范围宽广的关系网络，属于讯息取向，讯息灵敏度高，不需花费太多心思。其中，弱连接又可分为通过"朋友的朋友"结识的关系，以兴趣、工作等共性为基础的关系，因临时需求结识的短暂性的关系。

图 7-6 中 A 节点与 B、D、E 之间正是"强连接"关系。A 节点通过 B 节点与A2 节点形成通过"朋友的朋友"结识的"弱连接"关系；A 节点与 C 节点之间的关系为以兴趣、工作等共性为基础的"弱连接"关系，A 节点通过 D 节点得以与 A1形成临时的短暂性的"弱连接"关系。由此，内 1 圈为 A 节点的"强连接"关系网络，内 2 圈和内 3 圈是 A 节点建构的常态下的"弱连接"关系网络，而 A1 所在的外圈层则是 A 节点因特殊情况而延伸至的外圈层。

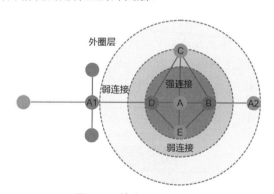

图 7-6　社会化关系网络

美国社会学家格兰诺维特（Mark Granovetter）曾提出"弱关系的强势"假设，其著名观点是"强连接往往形成小圈圈，弱连接却会形成一张大网络"。而在社会化媒体平台，用户通过多样化的传播互动，分别形成强连接关系和弱连接关系，这既维护和稳固了情感取向的小型关系网络，又可不断向外延伸，通过建立新的关系逐渐扩展个体的社会关系网络。

7.3.2　裂变式的传播路径

从传播路径来看，社会化媒体融合了人际传播的一对一传播和大众传播的一对多传播，演变为多对多传播，在此基础上，讯息往往是以裂变的形式迅速流通。可以说，社会化媒体的讯息传播路径本质上是一种裂变式的传播。

除一对一传播之外，社会化媒体的一对多传播也极为明显。图 7-7 中的每一个圆形都可称之为一个"节点"，代表着自媒体系统。所谓节点，指的是指通过数字互动媒介接收和发送讯息的媒介用户，也指参与讯息互动的用户及其呈现给其他用户的相关讯息的结合点。节点既是传播点，也是接收点。节点如同一个个麦克风，拥有自己的"广播系统"和影响范围，进行类似于传统大众传播的一对多的讯息传播活动。同样，一个节点所辐射的范围内的任一个节点也同样拥有各自特定的传播范围。

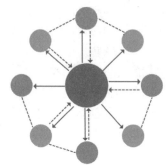

从论坛、博客，到 SNS、微博客，社会化媒体的每一次更新都会引来一阵网络传播热潮，这无疑是社会化媒体生命力的体现。而社会化媒体在传播方式和传播路径上的特征，正是其不断创新发展的核心所在。尽管不同形态的社会化媒体各有差异，但无论如何，社会化媒体的发展昭示着传播生态的变革，在这个过程中，个体的主体性得到了张扬，人与人之间的沟通也更为平等，且更具社会性。

图 7-7　个人对多人的传播

案例　**新浪微博讯息传播分析**

以新浪微博为例，微博平台为用户提供了发布微博、特定对象、评论和转发微博、站内私信等多种功能，传播主体双方可以进行一对一的双向传播活动，重拾人际交往中的"口耳相传""面对面交谈"等个人与个人间的讯息流动方式，如图 7-8 所示。

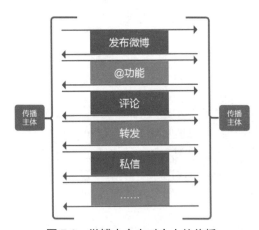

图 7-8　微博中个人对个人的传播

在新浪微博中，每位微博用户就是一个节点，拥有自己特定的粉丝。当某位用户发布一则讯息后，就形成了第一轮传播。他的粉丝针对这条讯息，可以选择忽视、评论或转发。如果转发行为发生，那么，转发这条微博的用户将成为传播者，促成了这条讯息的第二轮传播。依此类推，讯息不断裂变，而讯息裂变完成时最终达到的影响范围，既取决于原发布者的影响力，又和接力者的影响力有直接关系。比如，中间若出现意见领袖的接棒，讯息会以此意见领袖为节点产生制高点，形成一波热潮。另外，也取决于讯息本身的性质与价值，某一特定类别的讯息，如关于某明星的资讯，会在这个明星的粉丝群中不断裂变传播，其可以达到的最大范围，应该等于或稍大于整个粉丝圈。而对于涉及社会生活等全民皆可参与的事件而言，若讯息本身是极具话题价值的，那么，在社会化媒体裂变式的传播路径下，讯息可达到的广度和范围是无法估量的。

课堂讨论：试阐述，现实生活中社会化传播的典型案例。

7.4　传播管理的含义

传播管理是运用管理学、传播学等学科的理论成果和方法，研究在现代社会条件下的传播管理现象、传播管理规律和传播管理的一般方法。传播管理具有社会性、政治性、科学性、综合性和实践性等特征。

传播管理学不是传播学，而是管理学的一个分支。在管理学的学科体系中，它是属于公共管理的一部分，如图 7-9 所示。

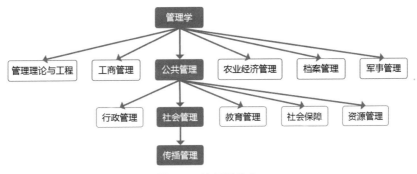

图 7-9　管理学分支

管理学作为一个学科门类，包含管理理论与工程、工商管理、公共管理、农业经济管理、档案管理和军事管理六个一级学科。公共管理的一级学科包含行政管理、社会管理、教育管理、社会保障和资源管理等学科。而传播管理是社会管理中的一个分支。

7.4.1　传播管理研究的内容

传播管理研究的具体内容包括传播管理的对象、传播管理的核心和动力、传播管理的过程和传播管理的目的几个主要方面，如图 7-10 所示。

图 7-10　传播管理研究的内容

1. 传播管理的对象

在现代社会条件下，对传播系统的把握应该是全面的、发展的，要学会运用现代管理的系统原理、整分合原则、相对封闭原则来处理社会化传播管理的对象问题。

2. 传播管理的核心和动力

人是最重要、最核心的因素，因此要学会运用现代管理的人本原理、能级原则、动力原则、全面发展原则来研究如何发挥人在传播管理活动中的积极性、主动性和创造性。

3. 传播管理的过程

具体来分析研究如何利用时间、空间、人员、媒介和讯息，通过管理者的决策、计划、组织、领导、控制、创新以及如何正确处理好各方面的关系，并充分发挥其效能。管理者要学会运用现代管理的动态原理、弹性原则和讯息反馈原则来分析、认识传播管理的过程。

4. 传播管理的目的

影响传播效果的因素众多，如何控制灾变因素，获得最佳的社会传播的社会效益和经济效益，是每个传播者所追求的。这就要求管理者学会运用管理的效益原理、价值原则来分析、认识各种因素对传播效果的影响。随着社会化传播事业的发展和管理学科的进步，传播管理的研究内容将不断丰富和发展。

7.4.2　传播管理的对象

研究传播管理，必须明确传播管理的对象。在借助现代化管理理论研究传播管理对象时，首先应了解传播系统的发展历史和现状，并预测它的未来。

管理对象包含三层含义，管理的对象首先表现为一个完整的整体，它的发展方向、作用和地位等都是管理的对象之一。构成整体的每一要素都是管理的对象，对它们的历史、现状、作用和功能都需要在了解的基础上才能进行管理。在管理系统中，管理的整体和各要素之间、各个要素之间、要素和环境之间，都存在着各种各样的关系，这些关系如何直接影响着管理整体效益，这是管理的对象之二。整体和各要素之间、各个要素之间、要素和环境之间各种各样的关系的变化，直接影响着管理的目的特性，这是管理的对象之三。

是将系统内的各种关系作为管理的对象，还是将系统内的各种关系的变化作为管理的对象，这是现代管理区别于传统管理的一个重要内容。传统管理注重静态的管理，而现代管理更加注重动态的管理。借鉴现代管理学对管理对象的划分，从传播系统的各种要素出发，可以从以下四个方面来明确传播管理的对象。

1. 传播管理的对象是整个传播系统

传播者负责控制的是一个不可分割的有机整体。在我们国家，在党的宣传部门和政府的有关行政部门的领导下，传播系统是一个多级递阶的大系统。在这个大系统中，又有许多相对独立的有机整体。电视台、电台、出版社和网络等媒介的管理者所控制的管理对象，是社会传播系统的一个分散的控制系统。这些控制系统都有各自独有的功能。

从社会的整个传播系统看，网络只是一个子系统。从中观的角度看，网络又是一个完整的有机的整体。作为传播管理者，无论是中央宣传部门、省委宣传部门，还是地（市）宣传部门，所管理的对象都是一个相互联系、相互作用的有机整体。作为社会上的一个传播部门，管理者所管理的社会传播机构都是一个相互联系、相互作用的有机整体。这些部门的管理者从管理的整体出发，把握社会传播机构的发展方向、运作情况、在同行业中的地位和作用等。

2. 传播管理的对象是传播系统中的各个要素

传播管理的工作对象是由若干管理要素构成的。任何传播管理系统都具有物质、能量和讯息三大要素，任何系统都是物质、能量和讯息相互作用的产物。

传播系统的基本要素是传播者和受传者、媒介和讯息。传播者和受传者是社会传播管理的核心和动力，它们是能量、物质和讯息的集合体；传播媒介是传播过程中不可缺少的物质基础，它是传播系统的物质要素；传播的内容就是传播的讯息要素。

与传播系统有关的因素很多，除传播者、受传者、媒介、讯息这些基本要素之外，还有时间、空间、环境、方法和手段等因素。将系统划分为要素作为管理对象，这是系统的层次性决定的。任何一个系统都具有其核心，传播管理系统也具有其核心。不同的传播系统有不同的结构与格局，有不同的要素。在传播管理中，必须根据管理对象的具体情况，弄清楚它的结构与格局，找出它的要素，分清轻重，把握核心，才能抓住管理的主要矛盾。

3. 传播管理的对象是传播系统内的各种关系

涉及传播系统的各种看得见和看不见、感受得到或感受不到的各种"关系"是管理的对象。进行管理就是要正确地处理好各种关系。搞清楚这些有形和无形的关系，有利于我们更好地做好传播管理。

从概念上说，这些关系是环境和系统的关系、系统和要素的关系、要素和要素的关系等。传播管理的关系十分复杂，可以按照不同的标准进行分类：可以按人际分为人缘、地缘、血缘等关系，可以按内容分为组织关系（上下级关系）、交换关系（进行物质、能量、讯息的交换）、宗旨关系（具有同样的理想和目标）、心理关系（具有民族、集团等心理），按性质可以分为传播管理中的公共关系和传播管理中的庸俗关系等。

"关系"具有以下几种特性。

1）具有普遍性

在现实生活中，无论何时何地都有这样或那样的关系需要处理。一般说来，可以分为人与人的关系和人与物的关系。这些关系存在于社会的各个方面和各个阶段，所以说具有普遍性。

2）具有复杂性

根据"格兰丘纳斯"的理论，建立一种管理体制必须涉及各种关系，即各种人与人的关系、人与物的关系。以人与人的关系举例，潜在关系很多，包括直接关系、群体关系、交叉关系，甚至还包括自己同自己的关系。如果你有两个下属，按照"格兰丘纳斯"理论计算，你们三个人之间的关系有 S-B、S-C、S-BC、S-CB、B-C、B-CS、B-SC、C-B、C-BS 和 C-SB 10 种关系；如果你有三个下属，那么至少有 18 种关系；有 4 个下属的时候，有 44 种关系；有 5 个下属的时候至少有 100 种关系；有 8 个下属，就有 1080 种以上的关系；有 10 个下属，就有 5120 种以上的关系；要是 18 个下属，就有 2359602 种关系。

3）具有可变性

复杂的关系并不是一成不变的。随着时间、空间的变化，这些复杂的人与人之间的关系和人与物之间的关系将发生不同的变化。这些关系的变化有时有益于我们推动传播工作的进行，有时将导致传播发生灾难性的变化。传播系统是一个多级递阶的大系统，规模庞大、结构复杂、目标多样、功能综合、因素众多，必然交织在各种关系之中，处在复杂的关系网之中。

正确处理各种关系是管理的重要工作。但也应该看到，关系中有些是主要的关系，有些是次要的关系；有些是正常的公共关系，有一些是庸俗关系。应该采取不同的方法来正确对待，妥善处理。

4. 传播管理的对象是传播系统的各种关系的变化

关系会随着时间、空间和状况不断变化的，要想驾驭传播规律，促成关系的变化，推动传播工作的进行，控制灾变性的关系变化，防止灾变倾向的发生，就要看到这些关系的变化，把"变化的关系"作为管理的对象，取得好的效果，实现对传播系统的高效管理。

案例 《外滩钟声》剧宣项目

2018 年底，《外滩钟声》紧急上线，该剧是年代温情励志剧集，聚焦了特殊时代下的小人物，通过百姓真实的一生反映了大时代的变迁。

营销挑战：2018 年末，献礼剧百花齐放，同类剧口碑爆棚，如何突出重围，让受众和业内将目光焦点停留于该剧，并了解幕后制作团队的匠心。

采用循序渐进，双端齐发的宣传方案，为高品质国剧发声。C 端面向观众，以微博覆盖方式吸睛引流，使用丰富的博文形式吸引用户阅读、评价，图 7-11 所示为《管导独特的"孝"道》的中国版 Stan Lee "彩蛋老爷子"。

图 7-11　《管导独特的"孝"道》的中国版 Stan Lee "彩蛋老爷子"

B 端面向业内，以微信盘点方式深度沉淀。通过发布播放量、热议度集合长图，网友朋友圈热议海报，以及 38 篇微信原创长文等口碑扩散方式，展示高水准电影质感的制作，以小见大，介绍团队未来的发展布局，图 7-12 所示为播放量、热议度集合长图。

图 7-12　播放量、热议度集合长图

播放期间，豆瓣评分一度达到 7 分以上，超越大部分国产电视剧。网络总播放量突破 10.4 亿，微博话题量 14.1 亿，百度指数环比增长达到 8084%。最高单日电视收视率为 0.968，平均电视收视率为 0.8，如图 7-13 所示。全网热议不断，好评如潮。

图 7-13　传播效果

7.5 传播管理的原则

要正确地把握管理对象，在认真贯彻传播管理的系统原理的过程中，必须把握传播管理的整分合原则和相对封闭原则。

7.5.1 整分合原则

要实现对传播管理系统的高效管理，必须在整体的规划下明确分工，在分工的基础上进行有效的总体组织和综合，这就是传播管理的整分合原则。总而言之，要及时对系统进行整体把握、科学分解、组织综合。这就要求在为了整体性能与功能的前提下，明确各个子系统的目标，并实现运行专业化、规范化和程序化。

要实现管理子系统的目标，实现运行的专业化、规范化和程序化，必须对每个工作人员的工作进行具体的分工，使每一个工作人员的工作具有专业性，遵守一定的规范和程序，发挥其能力，明确其权限，明晰其利益。挖掘人的潜能的最好办法就是明确每个人的职责。

管理的职责不是抽象的概念，而是在数量、质量、时间和效益等方面有严格规定的行为规范。表达职责的形式主要有各种规程、条例、范围、目标和计划等。对一项具体的工作来说，就是对每个工作人员的工作的数量、质量、完成的时间、效益等的具体要求。贯彻传播管理的整分合原则，关键在于进行合理、科学地分工。传播系统基本上是按照以下三种类型分工的。

1. 按行政区划分工

整个国家的传播系统按照行政区划分为中央、省、市、县、乡的社会传播系统。中央、省、市、县、乡的党政宣传系统是一个多级递阶控制系统。在党和国家宣传机构的领导下，各区域内的传播工作有着各自相对的独立性，分别展示出各自的性能与功效。

2. 按传播的业务范围进行分工

分为电视、广播、出版、电影、报刊、网络等子系统。这些子系统都有各自的业务范围和专业技能，彼此间存在着复杂的关系。在传播媒介日益发展的今天，对这些部门进行合理分工，使其相互合作，是一件比较复杂的工作。

3. 按各自的专业特点分工

在任何一个传播机构中都少不了领导者、传播者、赞助者和受传者，都少不了社会传播的辅助人员。比如媒介的设计者、制造者、销售者；讯息的制作者、传输者、接收者等。这些人员都分属于传播的各子系统，即传播的各单位。在各种传播系统内部，都有比较细致的分工，各种人员所承担的权利、义务、责任各不相同。

分工并不是传播管理的终结，它不是目的，而是一种手段。分工也不是万能的，往往会带来许多新的问题。分工不恰当，容易造成时间、空间、数量、质量等方面的脱节。因此，对于传播系统必须有强有力的组织管理，使各个方面协调、同步。这就是所谓的组织综合。

合理分工的目的是使各个子系统明确职责、协调一致，讲求整体的效益。分工明确，职责也应明确。在进行认真分工的基础上，必须通过适当的方式对每个部门、每个人的职责作出明确的规定。

（1）职责的界限要清楚，职责的内容尽可能地作出明文规定。

（2）职责中要包括横向联系的内容。在规定某一工作职责的同时，必须规定同其他单位、个人协调配合的要求，只有这样才能提高组织的整体效益。

（3）职责必须要落实到每一个人，使每一项具体工作完成的数量、质量、时间、空间、效益等有一个具体的标准，这样才有利于执行、检查、考核。总之，在这个原则中，整体把握是前提，科学分解是关键，组织综合是保证。

7.5.2　相对封闭原则

传播系统是一个开放的系统，它与外部环境有物质、能量、讯息的输入输出的关系，但在传播系统内部必须构成一个管理功能、管理机构、管理人员、管理法规、管理方法等连续配套的相对封闭的回路，才能有效发挥传播管理中各个环节的作用，形成有效的传播管理。这就是传播管理的相对封闭原则。

传播系统是一个复杂的系统，又是一个开放的系统。在它的运行过程中，必然与系统内外发生各种各样的联系，受到各种因素的制约，在管理工作中，稍有不慎，就会产生疏漏，贻误管理。因此，在现实的传播系统的管理工作中，如果没有遵循传播管理的相对封闭原则，很有可能会造成"有的工作无法落实""有的工作虎头蛇尾""制度多，效果差"等失误。

传播管理的相对封闭原则揭示了传播管理中管理的职能之间、管理组织机构之间、管理人员之间、管理法规之间、管理方法之间的配套和连贯的重要性。没有这些方面的各自彼此配套、连续运行，管理就无法落到实处。

运用传播管理的相对封闭原则应当注意以下几个方面。

1. 必须全面贯彻落实传播管理的管理职能

传播管理的相对封闭原则揭示了管理功能——决策、计划、组织、控制、协调和创新等管理职能的系统性。在现实的传播管理活动中，不存在单纯的决策、单纯的计划、单纯的组织和单纯的控制等。各管理功能之间往往是彼此渗透的。这种功能之间彼此渗透和联系体现出决策、计划、组织、控制、协调、创新等功能的系统性，如图 7-14 所示。

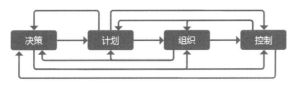

图 7-14　决策、计划、组织和控制之间的网络关系示意图

2. 必须有健全的传播管理组织机构

传播管理的机构设置具有相互影响和相互制约的关系。要贯彻传播管理的相对封闭原则，必须要有健全的机构设置，每个机构必须有各自明确的职能，各个管理机构之间必须相互配合、协调一致，如图7-15所示。

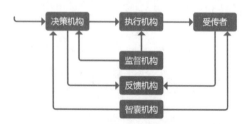

图7-15　传播机构相对封闭回路示意图

3. 必须安排齐备有关的管理人员

传播机构必须配备传播系统所需要的六类人员：传播的领导者（决策者）、传播的讯息制作者、传播讯息的发送者、传播过程的监督人员、传播讯息的反馈人员、社会传播机构的智囊人员。在任何一个传播系统中，都少不了领导者、宣传者、赞助者、生产者，都少不了社会传播的辅助人员。各种人员应该承担各自的工作，做到责、权、利一致，不能有不受制约、管理的人员。

4. 必须要有健全的管理法规

管理的规章制度、法律条文必须健全。如果制度规章、法律条文不健全，就会造成管理上的疏漏，使有的事情没有人管，或许出现一件事情许多人管的现象，这样必然造成管理效率的降低。一套完整的管理规章制度、法律条文应该具有以下几个方面的内容：一是有完善的执行法规，对什么可为、什么不可为等必须作出明确的规定；二是要具有健全、高效的监督法规；三是必须具有灵敏、准确的处理法规（包括仲裁法、处罚法）。在现实的工作中，如果出现执行法、监督法、处理法中任何一种法规疏漏，管理就会失效。如果只有执行法，而无其他法规，实质上等于没有用法进行管理。如果仅有执行法、监督法，而无处理法，也等于没有管理。只有执行、监督、处理三种法规配套，才能真正做到周密严谨。只有建立、健全传播管理法规体系，传播的管理才能做到有章可循、有法可依。

5. 根据不同的情况，采用不同的方法，解决具体问题

管理方法是在管理活动中为实现管理目标、保证管理活动顺利进行所采取的工作方式。管理哲学是关于管理的世界观和方法论，管理主客体矛盾运动规律的科学。受管理哲学思想的影响，管理者总是自觉或不自觉地采取某些方法解决某种具体问题。在管理学中所归纳管理的方法主要有法律方法、经济方法、行政方法、思想教育方法、技术方法等，构成了一个完整的管理方法体系。

课堂讨论： 在传播过程中，法律赋予了传播单位的权利、义务和责任，明确了社会传播单位的规范，确保了传播管理的秩序，试阐述哪些情况下可以采用"法律方法"解决传播管理中的问题。

7.6　社会化传播的管理

随着社会化传播的发展，人们在获得了便利和话语权的同时，也会遇到一些虚假和错误讯息，在社会化媒体的推波助澜下最后演化为更为严重的诚信、道德甚至法律问题。

随着社会关系网越来越复杂，讯息传播范围越来越广泛，很多网络讯息、公共事务、观点见解在短时间内会得到广大社会化媒体群体的普遍认同，久而久之，这些观念逐渐渗透到群体的日常生活和习惯中，使他们逐步形成相似的世界观、人生观和价值观，形成一些具有普遍影响的氛围，很多个人观点变成群体观点，滋生一些偏激恶劣讯息的传播途径，使人们普遍失去应有的防范危机能力。甚至通过社会化媒体等一些新兴的媒体形式，如微博、微信和短视频平台制造热点话题，进行恶性爆料，以博取关注，而这些恶作剧在媒体的多米诺骨牌效应下，逐渐走向偏激，演化成虚假传播、诽谤性新闻，甚至是网络犯罪。

社会化媒体依托其简单、快速和广泛传播的属性特征，可以在短时间内制造出热门话题，人们普遍跟风，社会为之沸腾，人们被淹没在这种不理智的恶作剧中自我满足，而有用的讯息往往会被忽略，这种潜在的危机传播带来的是极大的负面效应。在这些社会化媒体危机传播日益猖獗的情况下，人们往往会防不胜防，因此加强管理是非常必要的。

7.6.1　社会化传播中的属性特征与规律

随着社会化媒体的多样化发展，我们对危机传播的管制更为艰难，这就要求我们更加了解社会化传播过程中的规律与属性特征。

1. 社会化传播的属性特征

社会化媒体是以网络为基础的新兴媒体，因此它除了具有参与性、共享性、交流性、社区性和连通性等基本特征外，还继承了网络媒体的属性特征，如实时性、广泛性、多样性和平等性等特征。在社会化媒体上，热点讯息一经公布，感兴趣的人主动贡献和反馈后，往往会模糊了媒体和受众之间的界限。这是因为大部分的社会化媒体服务都可以免费参与传播，它们鼓励人们评论、反馈和分享讯息，在参与和利用社会化媒体的内容时几乎没有任何障碍。随着讯息的双向传播，人们可以迅速地通过微博、微信、短视频平台以及 QQ 等媒体形成一个群体或社区，并就共同感兴趣的内容进行有效地沟通。而社会化媒体强大的连通性，在链接和整合过程中，多种媒体的融合，使得影响范围更深刻、更广泛。

社会化媒体本身就是由很多小社会关系网构成的分享圈，群体之间的内部关系结合其外部开放性，会使很多简单的个体、讯息、事件和想象在互动和评论中逐步扩散并延展，像滚雪球似的越滚越大，繁复交叉，在无形中渗透到更深、更远的社会圈中。

2. 社会化传播的规律

用户、开放与关系是社会化媒体的最基本的属性，而危机传播主要源于其开放性，这也是近几年各类网络诽谤、恶性讹传事件频发的主要原因。因此，管理好社会化媒体的主要手段应是控制开放尺度和讯息的透明化。政府及有关部门应在社会化媒体上开设政务、法律、公正的对外公告平台，在一些恶性网络事件出现前的时间节点上，发出正确无误的、有效的并有价值的讯息和公告辟谣，在正确的时间对正确的对象"对症下药"，即可事半功倍。当然，这要求要极其了解社会化媒体的运行规律。

如果要进行有针对性地管理，在把握其开放规律的同时，还要注重用户管理。依照社会化媒体数十年的发展规律及用户的体验反馈，用户群显然越来越庞大，用户需求越来越多，这种需求也越来越不易满足。采用传统的"行业引导"和"网民自律"双管齐下的机制，显然效果甚微。不可否认，这种方式在社会化媒体的用户管理上只起到了一小部分作用，网民的分散化、认知的差异化，仅仅依靠引导和自律，作用很小。

我们需要更有影响力的手段和"意见领袖"来带动并引导网民进行正确地网络交流与传播，这也类似于羊群效应。因为社会化媒体存在着明显的"二八法则"，即80%的内容由20%的人贡献，而这20%的人则很容易影响那80%的人。我们只需对这20%的人加强管理，既让其发挥意见领袖的存在价值和影响力，又让其在逐步取得的满足感和成就感中树立起社会责任感和正义感。

从关系层面来看，做好管理创新其实就是建立更加良好的关系体系，包括熟人与陌生人、偶像与粉丝、同派与异派、优质群体和普通群体、富人与穷人等。重叠交叉关系平台的搭建的基础就是底层建设，只有做好根基，平台才会更加牢固、坚不可摧，一切关系的建立应以公正、平等、自愿、互助为基本原则，或最终通过社会化媒体转化为这种基本关系，使其可持续发展。

7.6.2　社会化传播的管理方式

社会化媒体的属性特征是一把双刃剑，它的各种网络特征（传播内容实时性、传播范围广泛性、传播渠道多样性）、公众广泛互动参与特征、内部关系和外部开放融合特征，既塑造了社会化传播的辉煌，也带来了危机传播的隐患。要真正促成社会化媒体更加健康地发展，必须从其特征入手去创新管理途径。

1. 加强领袖意见的管理

社会化媒体的个人观点诱发群体极化，群体观点诱发媒体极化，是一种典型的羊群效应。虽然社会化媒体强调个体平等，但实际上对领袖意见会盲目跟从。在每一个小圈子里，"群主"往往扮演着特别重要的角色。当群主对某一社会事件发表观点后，群内成员大都会附和或表示赞同，这就是典型的羊群行为——其他羊会学习和模仿头羊的行为模式。

这种群体内的羊群效应在群体外的、更加公开的社会化媒体范围内，也同样适用。名人的微博和微信往往在整个社会化舆论中起到主导作用。当名人提出某种意见时，往往其他人就不深入去考虑了——名人的判断和选择肯定是对的。所以，社会化媒体中偏激观点的蔓延和传播，微观领袖（群主）和宏观领袖（名人）起到了至关重要的作用，也就是领袖意见社会极化的一种表现。因此，我们要管理社会化媒体，避免偏激观点、谬误观点甚至反动观点的蔓延。必须从对微观领袖和宏观领袖的管理入手，确保微观领袖和宏观领袖头脑冷静。这样，危机传播就在很大程度上可能被防范。因此，社会化媒体管理的首要工作，应该从"羊群效应"出发，加强对意见领袖的管理。

2. 体现"以人为本"原则的管理

社会化媒体的出现，本身就是国家对公众中的个人参与媒体意愿的认同，它可以看成国家放弃媒体垄断、还政于民的实际行动。因此，透过社会化媒体看到的是以人为本、媒体自由和媒体平等。但是，自由和平等也是有条件的，不是毫无限制边界的。当偏激的观点已经形成危及国家安全、导致社会动荡的氛围时，就必须要进行强有力的管理。

当然，既然已经放开了媒体的垄断地位，促成了社会化媒体的形成，在执行社会化媒体的管理时，就要把握管理的尺度。比如一条线是用来判断是参与还是主导的，参与的要以说服教育为主，主导的要严肃管理；另一条线是用来判断恶性事件发生后的认识态度的，及时悔悟、深刻反思自己错误行为的要从轻处理，顽固不化、对自己的不当行为不以为然的要严肃处理。这种"线"就是个度。总之，在社会化媒体的管理过程中，要处处体现"以人为本"的原则。

3. 协作共赢、共同管理

社会化媒体不是孤立存在的，它同传统媒体一起构成了当前的媒体格局，它也可以看成是网络媒体的升级版本。既然社会化媒体不是孤立的，对它的管理也不应该是一种孤立行为，要连带传统媒体一起去考量。

媒体行业有着成熟的管理体系和管理制度，由于社会化媒体的特殊性，很多条款难于在执行中落实。因此，需要对现有的媒体管理办法做出适应时代的调整，尤其是要对社会化媒体中行为失当、触及法律责任的问题给出明确界定。此外，社会化媒体和传统媒体要放弃对抗，追求"协作共赢"。比如，传统媒体可以在短视频平台、微信平台上开设自己的账户，用自己理智的观点去影响社会化媒体中可能出现的偏激倾向。反之，社会化媒体可以选择和传统媒体共同经营。这样，当两类媒体实现互连互通时，很多管理制度也便于落实。社会化媒体看似无形的行为，可以在有形的传统媒体中对号入座。而传统媒体要维持自己的行业形象，也必然会严格约束能触及的社会化媒体。

7.7 传播效果的产生过程

制约传播效果的因素是多种多样的，接下来从传播主体、传播技巧和传播对象三个方面分析传播效果的产生过程。

7.7.1 传播主体

影响传播效果的最主要因素是作为传播主体的传播者，转播者不但掌握着传播工具和传播手段，而且还决定着讯息内容的取舍，作为传播流程的控制者，发挥着主动作用。

从宣传或说服的角度来说，传播者决定着讯息的内容。但是，由于人们首先要根据传播者本身的可信性对讯息的真伪和价值作出判断，所以即便是同一内容的讯息由不同的传播者传播，人们对它的接受程度也是不一样的。

树立良好的形象、争取受众的信任是改进传播者传播效果的前提，可信性由传播者的信誉和专业权威性两个要素构成，每个要素所代表的含义如表 7-1 所示。

表 7-1 可信性两个要素的含义

要　　素	含　　义
传播者的信誉	包括是否诚实、客观和公正等品格条件
专业权威性	即传播者对特定问题是否具有发言权和发言资格。一般来说，信源的可信度越高，其说服效果越大

根据图 7-16 所示的忘却曲线，人脑对讯息的记忆量随着时间的推移而逐渐减少。而忘却通常是从讯息的次要属性开始的。根据这个道理，我们会对讯息重要属性的内容观点保持较长的记忆，而信源作为边缘属性在记忆中可能首先会被淡忘。而人们对信源的信任导致高可信度信源发出的消息的说服效果会大于来自讯息内容本身的说服力；人们对信源的不信任导致低可信度信源发出的消息的说服效果可能会小于内容本身的说服力。

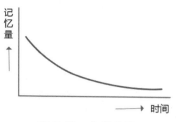

图 7-16 忘却曲线

随着时间的推移，人们对信源与内容联系的记忆逐渐消失，由信源居主导地位的可信性效果趋于减弱或消失，内容本身的说服力才能较完全地发挥出来。因此，高可信度信源的说服效果会衰减，而低可信度信源的说服效果则有上升的趋势，如图 7-17 所示。

低可信度信源发出的消息，由于信源可信性的负影响，其内容本身的说服力不能马上发挥，处于一种"睡眠"状态。经过一段时间，可信性的负影响减弱或消失以后，其效果才能充分表现出来。这种现象，霍夫兰（Carl Hovland）等人称为"休眠"效果，如图 7-18 所示。

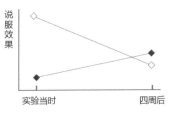

图 7-17　信源可信性效果的时间推移　　图 7-18　"休眠效果"示意图

休眠效果说明了一个重要道理，即信源的可信性对讯息的短期效果具有极为重要的影响，但从长期效果来看，最终起决定作用的是内容本身的说服力。

7.7.2　传播技巧

传播技巧指的是在说服性传播中为有效地达到预期目的而采用的策略方法，包括内容提示法、说理法和诉求法等。

1. 内容提示法

内容提示法分为"一面提示"和"两面提示"，通常用于对某些存在对立因素的问题进行说服或宣传，两种方法的功能、利弊和适用对象如表 7-2 所示。

表 7-2　内容提示法的功能、利弊和使用对象

提 示 法	功　　能	利　　弊	适 用 对 象
一面提示	指仅向说服的对象提示自己一方的观点或于己有利的判断材料	能够对己方观点做集中阐述，论旨明快，简洁易懂，但同时也会给人一种咄咄逼人的印象，使说服对象产生心理抵挡	赞同己方观点的人、文化水平低者
两面提示	是指在提示己方观点或者有利材料的同时，也以某种方式提示对立一方的观点或不利于自己的材料	给对立观点发言机会，给人一种公平感，可以消除说服对象的心理反感，但由于同时提示对立双方的观点，论旨变得比较复杂，理解的难度增加。在提示对方观点的时候如果把握不好分寸，反而容易造成为对方做宣传的结果	文化水平高者

两面提示具有免疫效果，即如果对接受一面提示的群体进行反宣传，那么他们几乎都转而接受相关的观点，而接受两面提示的群体在反宣传过后并没有发生明显变化。这是因为两面提示中包含着对相反观点的说明，这种说明能够使人在以后遇

到对立观点的宣传时具有较强的抵抗力。而人们有许多没有经过考验的信念，这些信念在遇到对立观念的挑战时往往是脆弱的，所以要加强人们对信念的坚持度，要么坚持重复宣传，要么使用两面提示使他们能够对对立观点有所了解。

2. 说理法

说理法探讨的是应不应该在传播中作出明确的结论。一般来说，明示结论可使观点鲜明，受传者易于理解传播者的意图和立场，但同时也容易使传播流程显得比较生硬而引起反感。而不明示结论，仅仅提供引导性的判断材料、寓观点于材料之中的做法，则给受传者一种"结论得自于自己"的感觉，可使他们在不知不觉中接受传播者观点的影响，然而这种方法容易使传播主旨变得隐晦、模糊，增加理解的困难性，有时不易贯彻传播者的意图。根据众多研究成果，可以得出以下结论。

（1）在论题和论旨比较复杂的场合，明示好。

（2）在说服对象的文化水平和理解能力较低的场合，明示好。

（3）让说服对象自己得出结论适用于论题简单、论旨明确、对象文化水平较高、有充分理解能力理解论旨的场合。

此外，在不同的问题中采用不同的方法，例如新闻评论应该观点鲜明、主张明确，而消息写作则应以新闻素材的选择和客观提示为主，避免记者个人较强烈的主观色彩，否则，会损害新闻的客观性和真实性，影响传播效果。

3. 诉求法

诉求法分为诉诸理性和诉诸感性两种办法。在开展说服效果之际，以什么方式"打动"对象是影响传播效果的重要因素。"诉诸理性"是通过冷静地摆事实、讲道理，用逻辑和理性力量说服对方。"诉诸感性"是通过营造气氛和情感色彩强烈的言辞感染对方。两种方法的有效性因人、因事、因时而异，所以正确把握问题的性质并充分了解说服的对象，选择合适的方法才是取得良好效果的基本前提。

诉求法中也探讨恐惧诉求，被称为警钟效果，也是一种常用的说服方式。运用"敲警钟"的方式唤起人们的危机意识和紧张心理，促成他们的态度行为向一定方向发生变化。

从行为心理学角度看，诉求法具有双重功效。

（1）对利害关系的强调能够最大限度地引起人们的注意，促成他们对特定传播内容的接触。

（2）它所造成的紧迫感会促使人们迅速采取应对行动。但其基本上是通过刺激人们的恐惧心理来追求特定效果，会给对象带来一定的心理不适。可能导致防卫性反应，对传播产生反效果。

20世纪50年代，贾尼斯（Irving Janis）做了以劝说中学生注意口腔卫生、养成刷牙习惯为内容的实验，实验设计了重度、中度、轻度三种"恐惧诉求"材料。结果表明，"重度"诉求造成的心理紧张效果最大，而"轻度"产生的说服效果最佳。

7.7.3 传播对象

传播对象自身的属性会对传播效果起着重要的制约作用。传播对象的属性通常包含人口统计学上的属性（如性别、年龄），人际关系网络，群体归属关系和群体规范，人格、性格特点和个人过去的经历和经验，如图 7-19 所示。

图 7-19　传播对象的属性

所有这些属性都作为人们接触特定媒介或讯息的时候的"既有倾向"或背景，规定着他们对媒介或讯息的兴趣、感情、态度和看法，同时对传播效果产生重要影响。

活跃在人际传播网络中，经常为他人提供讯息、观点或建议并对他人施加个人影响的人物，称为意见领袖。意见领袖作为媒介讯息和影响的中继和过滤环节，对大众传播效果产生着重要影响。

1. 意见领袖的特点

测定意见领袖的指标是社交性、社会经济地位和生活阅历，他们具有以下特点。

（1）与被影响者处于平等关系而非上下级关系，意见领袖一般是我们生活中熟悉并且信赖的人，因为他们得更加有说服力。

（2）意见领袖并不集中于特定群体和阶层，而是均匀地分布在社会各群体和阶层。换言之，每个群体都有自己的意见领袖，他们与被影响者是横向传播关系。

（3）意见领袖的影响力一般分为单一型和综合型。在现代都市社会一般以单一型为主，即一个人只在特定领域很精通或在周围人中享有一定声望。而在传统社会或农村中，意见领袖一般以综合型为主

（4）意见领袖社交范围广、讯息渠道多、媒介接触频度和接触量大

由于意见领袖的分散性和变化性，准确地捕获这批人并非一件易事，但对大众媒介来说，认识到这些人的存在，增强受传者定位意识无疑具有重要意义。

2. 群体归属和群体规范

群体对个人行为影响有以下两个方面。

（1）作为现实社会关系网络的群体，除了意见领袖的个人影响还有多数成员意见所产生的群体压力影响。

（2）作为个人行为的精神依托的群体，是过去和现实群体归属关系所产生的价值、观念、行为准则的内在化，统称为"群体规范"。

群体归属关系和群体规范对大众传播效果也具有重要的制约作用，它不仅影响着受传者对媒介和内容的"选择性接触"，而且影响着他们对观点的接受。

3. 受传者的个性与传播效果

每个人都有自己的个性，在面对说服时，"容易"或"难以"接受他人劝说的个性倾向称为个人的"可说服性"。包含以下几个方面。

1）与特定主题相关的可说服性

一个人在某些话题上可能容易接受他人意见，在另一些话题上则可能容易产生拒绝或排斥态度。

2）与特定议论或诉求形式相关的可说服性

如有的人容易接受道理说服，而有的人则容易接受场面或氛围的感染。

3）一般可说服性

与主题或说服形式无直接关系，受个人性格和个性所规定的、对他人意见容易接受或排斥的倾向。

自信心假说认为，自信心越强，可说服性越低。而自信心由社会不安感、委曲求全性向和感情抑郁程度构成，如图 7-20 所示。除了自信心假说外，与可说服性相关的因素还有个人讯息行为的特性，讯息行为指的是个人寻求、接触和处理讯息的各种行为。由于每个人的认知结构、求知欲、性格和习惯不同，其讯息行为也各具特点，这些特点也对传播效果直接或间接地产生影响。

图 7-20　自信心的组成

传播效果的形成是多种因素交互作用的结果，任何传播者都不可能随心所欲地去支配传播对象。但并不能因为这些因素的存在而得出大众传播的效果和影响有限或无力的结论。如果改变看问题的角度，不是把效果概念局限于态度和行为改变的层面上，而是从更早的认知阶段考虑问题，并将大众传播作为一个宏观、综合的社会过程来把握，就会发现，大众传播的效果和影响是十分强大的。

7.8　传播效果的评价

建立一套系统化、标准化的社会化传播评估方法及体系，对企业社会化传播的发展可谓至关重要。可以通过"公关价值魔方"图形来表现传播时代的总体价值，如图 7-21 所示。

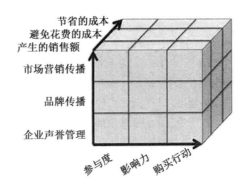

图 7-21　"公关价值魔方"图形

"公关价值魔方"图形中 X 轴表示衡量媒体传播效果的三个传统指标，即参与度、影响力、购买行动；Y 轴表示企业传播的三个重点，即市场营销传播、品牌传播和企业声誉管理；Z 轴表示由传播间接影响及产生的投资回报率，包括节省的成本、避免花费的成本以及由此产生的销售额。社会化传播能够带给企业及品牌的整体价值，毫无疑问将是所有这些参数彼此影响并相互作用所产生的价值总和。

了解衡量社会化传播价值的重要参数及其相互关系，将可以帮助企业在制定传播计划之初，就充分考虑到该如何建立适合企业自身及其品牌特点的传播策略框架，以明确传播方向及目标。是为了增强品牌曝光率、提升活动参与度，还是为了巩固行业影响力？是为了吸引更多的消费者或潜在消费者参与互动活动，提升用户忠诚度，还是为了增加产品试用率从而促进网络销售？不同的内容侧重点和目标方向会引导企业采取不同的传播手段。

在社会化营销时代，人们将更倾向于相信那些与自己建立起个人关系的品牌，所以不同的媒体传播手段，在不同阶段所起到的作用也不同。例如高度个性化的传播手段能够有效增强用户对品牌的拥护度及忠诚度，所以有高度针对性的博客行销、社交营销就更具影响力；与此相比，传统媒体传播的方式例如广播、电视、报纸等是基于大众传播，覆盖率广，所以有助于建立初期的品牌知名度及影响力，但与其他社会化媒体传播手段相比，在提升品牌好感度及拥护度方面的作用则相对微弱。

基于此，在社会化传播时代，建立简单、科学和系统化的测量及效果评估模型，是将企业及品牌传播价值最大化、长期化的必要前提。当前，比较通用的社会化传播效果评估的测量模型主要包括四个方面，如图 7-22 所示。

1. 曝光率

即传播的内容及讯息产生了多大的覆盖率，有多少目标受传者看到并关注，基于社会化传播的曝光率可以轻而易举地通过网站访问量、点击率、搜索率、转载率、回帖率等参数进行实时监测及定量评估。

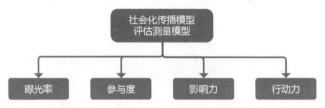

图 7-22　社会化传播模型评估测量模型

2. 参与度

即谁、在哪里、通过何种形式与企业及品牌进行对话并参与了互动交流。社会化传播与传统媒体传播的最大区别就是社会化传播的互动性及个性化，使得每一个消费者都变成了意见领袖，可以随时影响其他的消费者并与企业、品牌进行平等对话。参与度的衡量可以通过网络登录、用户注册、互相关注、回帖、跟帖和转发等具体参数进行定量评估。

3. 影响力

即衡量传播怎样并且多大程度影响了目标受传者和参与者的态度、认知乃至消费行为。对传播影响力的评估需要在长期、系统化的范畴里持续进行，以对目标受传者及参与者的言论、态度、行为等进行长期、持续的监测和定性分析。

4. 行动力

即衡量传播如何激发目标受传者并将其关注度、影响力转化为最终的购买行为，这是评估传播核心价值及其投入产出比（ROI）的终极体现。行动力的计量可以通过由电子商务产生的网络订购、团购或者与线上联动的线下购买行为的统计等方式进行定量评估。

案例　DR钻戒营销案例

青春剧《我只喜欢你》正在热播，剧中高冷又专一的言默扮演者张雨剑准备用DR钻戒告白，将"喜欢你"变成"嫁给我"的罗曼蒂克史。DR借势发声，发布品牌视频，传达品牌理念。传播规划如下：

● 传播资源配置

女性、情感、娱乐类等共150多个账号参与转发，累计覆盖粉丝2亿多人。

● 转发内容引导

电视剧情讨论、求婚场景、甜蜜感觉等方向，适度软植DR品牌。

● 传播话题引导

多方位为话题"张雨剑练习求婚"造势，提升话题热度。

2018年5月27日晚，以娱乐、影视类KOL原发张雨剑DR视频求婚片段进行首轮传播，如图7-23所示。

图 7-23 KOL 进行首轮传播

通过 28 日对 4 位 KOL 原发视频微博进行两轮转发传播，二次炒热视频，如图 7-24 所示。

图 7-24 转发传播炒热视频

转发后，产生的曝光净增量累计达 350 多万，如图 7-25 所示。

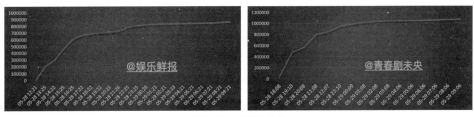

图 7-25 曝光增量

视频播放预期为 50 万次，增加到 80 万次，超预期 60%，话题阅读数量 750 万以上，话题讨论增量 2000 多，如图 7-26 所示。

#张雨剑练习求婚#
阅读594.9万　讨论1.1万

 #张雨剑练习求婚#
阅读1352.3万　讨论1.3万

转发前　　　　　　　　　　　　转发后

图 7-26　转发前后数据对比

7.9　本章小结

传播管理研究的内容包括谁来管理、管理的依据、管理的目标、管谁、管什么、管理的原则等。要解决这些问题，首先就要掌握传播的流程，了解它们自身的规律，才能形成符合客观实际的正确认识。通过本章的学习，读者应掌握传播流程的含义和特征，以及传播管理的含义、原则和效果。深刻体会社会化传播的传播模式及社会化传播管理的规律和方式。